# 대구도시철도공사

KB100735

## 차량검수 · 차량운영직

## 기출동형 모의고사

# 정답 및 해설

SEOWONGAK

(주)서원각

# 제1회 정답 및 해설

## ✏️ 직업기초능력평가(40문항)

**1  ④**

㈐에서 웰빙에 대한 화두를 던지고 있으나, ㈑에서 반전을 이루며 인간의 건강이 아닌 환경의 건강을 논하고자 하는 필자의 의도를 읽을 수 있다. 이에 따라 환경 파괴에 의한 생태계의 변화와 그러한 생태계의 변화가 곧 인간에게 영향을 미치게 된다는 논리를 펴고 있으므로 이어서 ㈎, ㈏의 문장이 순서대로 위치하는 것이 가장 적절한 문맥의 흐름이 된다.

**2  ④**

결원이 생겼을 때에는 그대로 추가 선발 없이 채용을 마감할 수 있으며, 추가합격자를 선발할 경우 반드시 차순위자를 선발하여야 한다.
① 모든 응시자는 1인 1개 분야만 지원할 수 있다.
② 입사지원서 작성 내용과 다르게 된 결과이므로 취소 처분이 가능하다.
③ 지원자가 채용예정인원 수와 같거나 미달하더라도 적격자가 없는 경우 선발하지 않을 수 있다.
⑤ 장애인 또는 경력자의 경우 성적순위에도 불구하고 우선 임용될 수 있다.

**3  ①**

철도 차량 소재의 변천 과정을 설명하고 있는 글로서, 최초의 목재에서 안전을 위한 철제재료가 사용되었음을 언급하는 ㈐ 단락이 가장 처음에 위치한다. 이러한 철제 재료가 부식방지와 강도 보강을 목적으로 비금속 재료로 대체 사용되기도 하였으며, 이후 강도 보강에 이은 경량화를 목적으로 소재가 바뀌게 되었고, 다시 하이브리드형 소재의 출현으로 부위별 다양한 소재의 병용 사용을 통한 우수한 기계적 특성 구현이 가능하게 되었다. 따라서 이러한 소재의 변천 과정을 순서대로 나열한 ㈐ – ㈑ – ㈎ – ㈏가 가장 자연스러운 문맥의 흐름이다.

**4  ③**

절약은 소비를 줄이는 행동이지만 이를 통해 원자로 1기를 덜 지어도 동일한 생산 효과를 얻을 수 있다는 것이다.

**5  ②**

노년기 이전부터 노후준비를 적절히 하고 있는가에 대한 내용이 본론에서 다루어질 주요 내용이라고 볼 수 있다. 따라서 노후준비의 다양한 영역과 그 실태를 알아보는 내용이 본론의 핵심이라고 보아야 한다. ②와 같은 내용은 노령자들의 생활 편의시설에 관한 것이라고 볼 수 있으나, 노후준비를 위한 능동적이고 직접적인 행위로 볼 수는 없다.

**6  ⑤**

제48조 제5호에 건널목을 제외한 모든 선로에 철도운영자의 승낙 없이 출입하는 것은 금지되어 있다.
① 의도와 상관없이 '여객열차 밖에 있는 사람을 위험하게 할 우려가 있는' 경우에는 금지된 행위이다.
② 두 가지 행위 모두 철도안전법에서 금지 행위로 규정하고 있다.
③ 여객출입 금지 장소가 기관실로 한정되어 있지 않으므로 규정된 다른 지역까지 출입 금지되어 있다고 볼 수 있다.
④ 제47조 제6호에 음주 행위 또한 금지인 것으로 명시되어 있다.

**7  ②**

② 평가를 하여 70점 이상인 사람이 정식 고용된다.

**8** ④

아동기를 거쳐 청소년기에 이르기까지 교육이 청소년에게 미치는 영향과 관련한 내용을 다루고 있으므로 교육적인 관점에서의 규정을 내리고 있다고 할 수 있다.

① 아동복지법, 청소년보호법 등에서 규정하는 연령 등에 대한 구분이 법적 관점에서의 규정이라고 할 수 있다.

② 부모와의 관계, 의존도 등에 의한 관점이 사회적 관점이라고 할 수 있다.

③ 사회적 관점과 비슷하여 심리적인 독립이 확립되었는지의 유무에 의한 규정이라고 할 수 있다.

⑤ 경제적인 부분에 대한 언급은 제시되어 있지 않다.

**9** ①

㉠ 갑과 을 모두 경제 문제를 틀린 경우

갑과 을의 답이 갈리는 경우만 생각하면 되므로 2, 4, 6, 7번만 생각하면 된다.

2, 4, 6, 7번을 제외한 나머지 항목에 경제 문제가 있는 게 되므로 경제 문제는 20점이므로 갑은 나머지 문제를 틀리게 되면 80점을 받을 수 없다. 을은 2, 4, 6, 7번을 모두 맞췄다면 모두 10점짜리라고 하더라도 최대 점수는 60점이 되므로 갑과 을 모두 경제 문제를 틀린 경우는 있을 수 없다.

㉡ 갑만 경제 문제를 틀렸다면 나머지는 다 맞춰야 한다.

• 2, 4, 6, 7번 중 하나가 경제일 경우 갑은 정답이 되고 을은 3개가 틀리게 된다. 3개를 틀려서 70점을 받으려면 각 배점은 10점짜리이어야 하므로 예술 문제를 맞춘 게 된다.

• 2, 4, 6, 7번 중 하나가 경제가 아닌 경우 을은 4문제를 틀린 게 되므로 70점을 받을 수 없다.

그러므로 갑이 경제 문제를 틀렸다면 갑과 을은 모두 예술 문제를 맞춘 것이 된다.

㉢ 갑이 역사 문제 두 문제를 틀렸을 경우

• 2, 4, 6, 7번 문항에서 모두 틀린 경우 을은 2, 4, 6, 7번에서 2문제만 틀리고 나머지는 정답이 되므로 을은 두 문제를 틀리고 30점을 잃었으므로 경제 또는 예술에서 1문제, 역사에서 1문제를 틀린 게 된다.

• 2, 4, 6, 7번 문항에서 1문제만 틀린 경우 을은 역사 1문제를 틀리고, 2, 4, 6, 7번에서 3문제를 틀리게 된다. 그러면 70점이 안 되므로 불가능하다.

• 2, 4, 6, 7번 문항에서 틀린 게 없는 경우 을은 역사 2문제를 틀리고, 2, 4, 6, 7번에서도 틀리게 되므로 40점이 된다.

**10** ③

| 평가 항목 \ 음식점 | 음식 종류 | 이동 거리 | 1인분 가격 | 평점 (★ 5개 만점) | 예약 가능 여부 | 총점 |
|---|---|---|---|---|---|---|
| 북경반점 | 2 | 4 | 5 | 1 | 1 | 13 |
| 샹젤리제 | 3 | 3 | 4 | 2 | 1 | 13 |
| 경복궁 | 4 | 5 | 2 | 3 | 0 | 14 |
| 아사이타워 | 5 | 1 | 3 | 4 | 0 | 13 |
| 광화문 | 4 | 2 | 1 | 5 | 0 | 12 |

**11** ①

A와 B는 6동 식당에 가지 않았다고 하였으므로 6동 식당에 간 사람은 C다. B는 C가 갔던 식당이 있는 동(6동)에서 근무하므로 B의 사무실은 6동이다.

A는 남은 5동에 사무실이 있으며 식당과 사무실이 겹치지 않기 때문에 7동에 위치한 식당에 갔다. 따라서 B는 남은 5동에 있는 식당에 간 것을 알 수 있다.

| | 5동 | 6동 | 7동 |
|---|---|---|---|
| 사무실 | A | B | C |
| 식당 | B | C | A |

**12** ③

각 제품의 점수를 환산하여 총점을 구하면 다음과 같다. 다른 기능은 고려하지 않는다 했으므로 제시된 세 개 항목에만 가중치를 부여하여 점수화한다.

| 구분 | A | B | C | D |
|---|---|---|---|---|
| 크기 | 153.2×76.1 ×7.6 | 154.4×76× 7.8 | 154.4×75.8 ×6.9 | 139.2×68.5 ×8.9 |
| 무게 | 171g | 181g | 165g | 150g |
| RAM | 4GB | 3GB | 4GB | 3GB |
| 저장 공간 | 64GB | 64GB | 32GB | 32GB |
| 카메라 | 16Mp | 16Mp | 8Mp | 16Mp |
| 배터리 | 3,000mAh | 3,000mAh | 3,000mAh | 3,000mAh |
| 가격 | 653,000원 | 616,000원 | 599,000원 | 549,000원 |
| 가중치 부여 | 20×1.3+18 ×1.2+20×1.1 =69.6 | 20×1.3+16 ×1.2+20×1.1 =67.2 | 18×1.3+18 ×1.2+8×1.1 =53.8 | 18×1.3+20 ×1.2+20×1.1 =69.4 |

따라서 가장 가중치 점수가 높은 것은 A제품이며, 가장 낮은 것은 C제품이므로 정답은 A제품과 C제품이 된다.

**13** ④

무항공사의 경우 화물용 가방 2개의 총 무게가 $20 \times 2 = 40kg$, 기내 반입용 가방 1개의 최대 허용 무게가 16kg이므로 총 56kg까지 허용되어 무항공사도 이용이 가능하다.

① 기내 반입용 가방의 개수를 2개까지 허용하는 항공사는 갑, 병항공사 밖에 없다.

② 155cm 2개는 화물용으로, 118cm 1개는 기내 반입용으로 운송 가능한 곳은 무항공사이다.

③ 을항공사는 총 허용무게가 23+23+12=58kg이며, 병항공사는 20+12+12=44kg이다.

⑤ 2개를 기내에 반입할 수 있는 항공사는 갑항공사와 병항공사이나 모두 12kg까지로 제한을 두고 있다.

**14** ②

팀장별 순위에 대한 가중치는 모두 동일하다고 했으므로 1 ~ 4순위까지를 각각 4, 3, 2, 1점씩 부여하여 점수를 산정해 보면 다음과 같다.

갑 : $2 + 4 + 1 + 2 = 9$
을 : $4 + 3 + 4 + 1 = 12$
병 : $1 + 1 + 3 + 4 = 9$
정 : $3 + 2 + 2 + 3 = 10$

따라서 〈보기〉의 설명을 살펴보면 다음과 같다.

㉠ '을' 또는 '정' 중 한 명이 입사를 포기하면 '갑'과 '병'이 동점자이나 A팀장이 부여한 순위가 높은 '갑'이 채용되게 된다.

㉡ A팀장이 '을'과 '정'의 순위를 바꿨다면, 네 명의 순위에 따른 점수는 다음과 같아지므로 바뀌기 전과 동일하게 '을'과 '정'이 채용된다.

갑 : $2 + 4 + 1 + 2 = 9$
을 : $3 + 3 + 4 + 1 = 11$
병 : $1 + 1 + 3 + 4 = 9$
정 : $4 + 2 + 2 + 3 = 11$

㉢ 이 경우 네 명의 순위에 따른 점수는 다음과 같아지므로 '정'은 채용되지 못한다.

갑 : $2 + 1 + 1 + 2 = 6$
을 : $4 + 3 + 4 + 1 = 12$
병 : $1 + 4 + 3 + 4 = 12$
정 : $3 + 2 + 2 + 3 = 10$

**15** ⑤

주어진 조건에 의해 가능한 날짜와 연회장을 알아보면 다음과 같다.

우선, 백 대리가 원하는 날은 월, 수, 금요일이며 오후 6시 ~ 8시까지 사용을 원한다. 또한 인원수로 보아 A, B, C 연회장만 가능하다. 기 예약된 현황과 연회장 측의 직원들 퇴근 시간과 시작 전후 필요한 1시간씩을 감안하여 예약이 가능한 연회장과 날짜를 표시하면 다음과 같다.

| 일 | 월 | 화 | 수 | 목 | 금 | 토 |
|---|---|---|---|---|---|---|
| | | | 1<br>A, C | 2<br>B 19시<br>D 18시 | 3<br>A, B | 4<br>A 11시<br>B 12시 |
| 5 | 6<br>A | 7 | 8<br>B, C | 9<br>C 15시 | 10<br>A, B | 11 |
| 12 | 13<br>A, B | 14<br>A 16시 | 15<br>B, C | 16 | 17<br>A, C | 18 |

따라서 A, B 연회장은 원하는 날짜에 언제든 가능하지 않다.

① 가능한 연회장 중 가장 저렴한 C 연회장은 월요일에 사용이 불가능하다.

② 6일은 가장 비싼 A 연회장만 사용이 가능하다.

③ 인원이 200명을 넘지 않으면 가장 저렴한 C 연회장을 1, 8, 15, 17일에 사용할 수 있다.

④ 8일과 15일은 사용 가능한 잔여 연회장이 B, C 연회장으로 동일하다.

**16** ①

주어진 평가 방법에 의해 각 팀별 총점을 산출해 보면 다음과 같다.

| 평가 항목 (가중치) | A팀 | B팀 | C팀 | D팀 |
|---|---|---|---|---|
| 팀 성적 (0.3) | 65 | 80 | 75 | 85 |
| 연간 경기 횟수 (0.2) | 90 | 95 | 85 | 90 |
| 사회공헌 활동 (0.3) | 90 | 75 | 85 | 80 |
| 지역 인지도 (0.2) | 95 | 85 | 95 | 85 |
| 총점 | 84.5+108 +117+114 =423.5점 | 104+114+ 97.5+102 =417.5점 | 97.5+102+1 10.5+114 =424점 | 110.5+108 +104+102 =424.5점 |

따라서 총점은 D-C-A-B 팀의 순서가 된다.

㉠㉢ 상위 2개 팀과 3개 팀에게만 주어지는 자격이므로 올바른 설명이다.

㉡㉣ 다음 표에서와 같이 총점이 달라지므로 (라)만 올바른 설명이 된다.

〈팀 성적과 연간 경기 횟수 가중치 상호 변경〉

| 평가 항목 (가중치) | A팀 | B팀 | C팀 | D팀 |
|---|---|---|---|---|
| 팀 성적 (0.2) | 65 | 80 | 75 | 85 |
| 연간 경기 횟수 (0.3) | 90 | 95 | 85 | 90 |
| 사회공헌 활동 (0.3) | 90 | 75 | 85 | 80 |
| 지역 인지도 (0.2) | 95 | 85 | 95 | 85 |
| 총점 | 78+117+11 7+114 =426점 | 96+123.5+ 97.5+102 =419점 | 90+110.5+11 0.5+114 =425점 | 102+117+10 4+102 =425점 |

→ 지원금이 삭감되는 4위는 B팀으로 바뀌지 않는다.

〈지역 인지도 내 점수가 모두 동일할 경우〉

| 평가 항목 (가중치) | A팀 | B팀 | C팀 | D팀 |
|---|---|---|---|---|
| 팀 성적 (0.3) | 65 | 80 | 75 | 85 |
| 연간 경기 횟수 (0.2) | 90 | 95 | 85 | 90 |
| 사회공헌 활동 (0.3) | 90 | 75 | 85 | 80 |
| 총점 | 84.5+108 +117 =309.5점 | 104+114 +97.5 =315.5점 | 97.5+102 +110.5 =310점 | 110.5+108 +104 =322.5점 |

→ 네 개 팀의 총점은 D-B-C-A 순으로 D팀을 제외한 3개 팀의 순위가 바뀌게 된다.

**17** ③

① 실무형
② 주도형
③ 순응형
④ 수동형
⑤ 소외형

※ 팔로워십 유형

㉠ 소외형
- 개성이 강한 사람으로 조직에 대해 독립적이고 비판적인 의견을 내어 놓지만 역할 수행에 있어서는 소극적인 유형
- 리더의 노력을 비판하면서도 스스로는 노력을 하지 않거나 불만스런 침묵으로 일관하는 유형으로 전체 팔로워의 약 15 ~ 20%를 차지
- 소외는 충족되지 않은 기대나 신뢰의 결여에서 비롯
- 본래 모범적인 팔로워였으나 부당한 대우나 리더와의 갈등 등으로 인해 변했을 가능성이 높음
- 모범적인 팔로워가 되기 위해서는 독립적, 비판적 사고는 유지하면서 부정적인 면을 극복하고 긍정적 인식을 회복하여 적극적으로 참여하는 사람이 되어야 함

ⓛ **수동형**

- 의존적이고 비판적이지 않으면서 열심히 참여도 하지 않는 유형
- 책임감이 결여되어 있고 솔선수범 하지 않으며 지시하지 않으면 주어진 임무를 수행하지 않는 유형으로 전체 팔로워의 약 5~10%의 소수를 차지
- 맡겨진 일 이상은 절대 하지 않음
- 리더가 모든 일을 통제하고 팔로워에게 규정을 지키도록 위협적인 수단을 사용할 때 많이 생기는 유형
- 모범적인 팔로워가 되기 위해서는 부하의 진정한 의미를 다시 배워야 하며, 자신을 희생하고 모든 일에 적극적으로 참여하는 방법을 익혀야 함

ⓒ **순응형**

- 독립적 비판적인 사고는 부족하지만 열심히 자신의 역할을 수행하는 유형
- 역할에는 불편해 하지 않지만 리더의 명령과 판단에 지나치게 의존하는 '예스맨' 유형으로 전체 팔로워의 약 20~30%를 차지
- 순종을 조장하는 사회적 풍토나 전체적인 리더 하에서 많이 나타나는 유형
- 모범적인 팔로워가 되기 위해서는 독립적이고 비판적인 사고를 높이는 자기 자신의 견해에 대해 자신감을 기르고, 조직이 자신의 견해를 필요로 함을 깨우쳐야 함

ⓔ **실무형**

- 별로 비판적이지 않으며 리더의 가치와 판단에 의문을 품기도 하지만 적극적으로 대립하지도 않는 유형
- 시키는 일은 잘 수행하지만 모험을 보이지도 않는 유형으로 전체 팔로워의 약 25~30%를 차지
- 실무형 팔로워는 성격 탓도 있지만 사회나 조직이 불안한 상황에서 많이 나타남
- 모범적인 팔로워가 되기 위해서는 먼저 목표를 정하고 사람들의 신뢰를 회복해야 하며 자기보다는 다른 사람의 목표달성을 돕는 것에서부터 시작해야 함

ⓜ **주도형**

- 스스로 생각하고 알아서 행동할 줄 알며 독립심이 강하고 헌신적이며 독창적이고 건설적인 비판도 하는 유형으로 리더의 힘을 강화시킴

- 자신의 재능을 조직을 위해서 유감없이 발휘하는 유형으로 전체 팔로워의 약 5~10%를 차지
- 솔선수범하고 주인의식이 있으며, 집단과 리더를 도와주고, 자신이 맡은 일보다 훨씬 많은 일을 하려고 함
- 다른 사람들도 배우고 따를 수 있는 역할과 가치관이 있음
- 적극적인 성향은 경험이나 능력에 기인하며, 동일 조직이나 다른 조직의 사람들과 상호 작용할 기회가 증대되어 사고와 행동성향이 훨씬 더 발전할 수 있음

**18** ⑤

수행목표는 의도하고자 하는 학습 결과로 과정 및 프로그램 종료 후 무엇을 할 수 있을 것인가를 명확하게 진술하는 것으로 학습과제의 명세화와 과정/프로그램 매체와 방법의 선택을 연결해준다. 수행목표는 학습과정 혹은 경험을 통해서 학습자가 이루고자하는 행동의 변화를 기술하는 것이다.

ⓐ 교육 참가자가 학습과정 종료 후 강사의 가르침이나 도움을 받지 않고 혼자서 해당 분야의 일을 수행할 수 있는 상태를 제시
ⓑ 교육 참가자들에게 학습목표의 달성 정도를 평가할 수 있는 기준
ⓒ 교육 참가자들이 성취하여야 할 학습범위를 제한하여 명확화

**19** ④

대화를 보면 L사원의 팔로워십이 부족함을 알 수 있다. 팔로워십은 팀의 구성원으로서의 역할을 충실하게 잘 수행하는 능력을 말한다. L사원은 헌신, 전문성, 용기, 정직, 현명함을 갖추어야 하고 리더의 결점이 있으면 올바르게 지적하되 덮어주는 아량을 갖추어야 한다.

**20** ②

② 남성과 여성이 함께 에스컬레이터나 계단을 이용하여 위로 올라갈 때는 남성이 앞에 서고 여성이 뒤에 서도록 한다.

**21** ①

위의 상황은 엄팀장이 팀원인 문식이에게 코칭을 하고 있는 상황이다. 따라서 코칭을 할 때 주의해야 할 점으로 옳지 않은 것을 고르면 된다.

① 지나치게 많은 정보와 지시로 직원들을 압도해서는 안 된다.

※ 코칭을 할 때 주의해야 할 점
- ㉠ 시간을 명확히 알린다.
- ㉡ 목표를 확실히 밝힌다.
- ㉢ 핵심적인 질문으로 효과를 높인다.
- ㉣ 적극적으로 경청한다.
- ㉤ 반응을 이해하고 인정한다.
- ㉥ 직원 스스로 해결책을 찾도록 유도한다.
- ㉦ 코칭과정을 반복한다.
- ㉧ 인정할 만한 일은 확실히 인정한다.
- ㉨ 결과에 대한 후속 작업에 집중한다.

**22** ④

④ 갈등해결방법 모색 시에는 논쟁하고 싶은 유혹을 떨쳐내고 타협하려 애써야 한다.

**23** ③

직원들이 일을 거절할 정도에 이르렀다면 해당 고객사와의 관계를 유지하는 것은 회사에 전혀 도움이 되지 않는다. 그러나 일단 성립된 계약에 대해서는 이행하지 않으면 법적인 문제가 발생할 수 있고 해당 고객사뿐만 아니라 시장 전체에서 신뢰를 잃을 수 있으므로 기성립된 계약에 대해서는 충실히 이행하여야 하나, 이후 추가적인 거래는 정중히 거절하는 것이 최선의 방법이 될 것이다.

**24** ③

협상과정 5단계
- ㉠ 협상시작 : 협상 당사자들 사이에 친근감을 쌓는다. 간접적인 방법으로 협상 의사를 전달하고, 상대방의 협상 의지를 확인하며, 협상 진행을 위한 체계를 결정한다.
- ㉡ 상호이해 : 갈등 문제의 진행 상황과 현재의 상황을 점검하는 것으로 적극적으로 경청하고 자기주장을 제시한다. 협상을 위한 협상 안건을 결정한다.
- ㉢ 실질이해 : 겉으로 주장하는 것과 실제로 원하는 것을 구분하여 실제로 원하는 것을 찾아내고 분할과 통합기법을 활용하여 이해관계를 분석한다.
- ㉣ 해결방안 : 협상 안건마다 대안들을 평가한다. 개발한 대안들을 평가하고 최선의 대안에 대해 합의하고 선택한다. 선택한 대안 이행을 위한 실행 계획을 수립한다.
- ㉤ 합의문서 : 합의문을 작성한다. 합의문의 합의 내용, 용어 등을 재점검하고 합의문에 서명한다.

**25** ⑤

클라우스 슈바프 다보스포럼 회장은 그의 저서 「4차 산업혁명」에서 "4차 산업혁명의 수혜자는 이노베이터(혁신가), 투자자, 주주와 같은 지적·물적 자본을 제공하는 사람들"이라며 "노동자와 자본가 사이 부의 격차는 갈수록 커지고 있다"고 지적하고 있다. 나아가 2020년까지 세계고용의 65%를 차지하는 선진국 및 신흥시장 15개국에서 5년간 일자리 710만개가 사라질 것이라고 예측하고 있다. 4차 산업혁명으로 210만 개의 일자리가 창출된다 하더라도 500만 개의 일자리가 감소할 것으로 전망된다. 저임금 반복노동, 특정 논리나 방법론에 의해 작동되는 직업은 사라지게 될 가능성이 크다. 인간의 일자리간 임금격차도 커져 빈부격차의 심화도 우려된다고 말했다.

**26** ③

③ 야드운전을 해야 할 경우에 해당한다.

**27** ③

㉡ 최초 제품 생산 후 4분이 경과하면 두 번째 제품이 생산된다.

A 공정에서 E 공정까지 첫 번째 완제품을 생산하는 데 소요되는 시간은 12분이다. C 공정의 소요 시간이 2분 지연되어도 동시에 진행되는 B 공정과 D 공정의 시간이 7분이므로, 총소요시간에는 변화가 없다.

**28** ④

㈎의 바이오 기술은 생명 공학 기술에 해당하고, ㈏의 증강 현실 게임은 문화 기술에 해당한다.


**29** ③

㉠ 출력되는 값은 5이다.

㉣ A에 B보다 작은 수를 입력해도 무한 반복되지 않는다.

최대공약수를 구하기 위한 알고리즘을 단계별로 해석하고 이해할 수 있어야 한다.

2단계에서 A에는 10을 5로 나눈 나머지인 0이 저장된다.

3단계에서 두 수를 교환하면 A에는 5, B에는 0이 저장된다.

4단계에서 B가 0이기 때문에 바로 6단계로 넘어가서 A에 저장된 5가 출력된다.


**30** ②

㉠ ㈎ 부분은 총 5회 수행된다.

㉢ 프로그램이 종료될 때 A 값은 5이고, B의 값은 8이다.


**31** ②

단계 1은 문제 분석 단계이다.

단계 2는 순서도 작성 단계이다.

단계 3은 코딩·입력 및 번역 단계이다.

단계 4는 모의 실행 단계이므로 '논리적 오류'를 발견할 수 있다.


**32** ③

㈎ 벤치마킹의 4단계 절차는 1단계 계획 단계, 2단계 자료 수집 단계, 3단계 분석 단계, 4단계 개선 단계로 이루어진다.

㈏ 계획 단계에서 기업은 반드시 자사의 핵심 성공요인, 핵심 프로세스, 핵심 역량 등을 파악해야 한다. 또한 벤치마킹 되어야 할 프로세스를 문서화하고 특성을 기술하며, 벤치마킹 파트너 선정에 필요한 요구조건도 작성되어야 한다.


**33** ③

철도안전법 제20조 제1항에 따르면 운전면허의 철도차량 운전상의 위험과 장해를 일으킬 수 있는 약물 또는 알코올 중독자로서 대통령령으로 정하는 사람은 운전면허를 받을 수 없다. 형이 철도차량을 운전하는 것은 법에 위반되는 행위이고 운전상의 위험과 장해를 일으킬 수 있기 때문에 형에게 스스로 알릴 것을 권한 후 형이 알리지 않을 시에는 직접 회사에 알려야 한다.


**34** ③

정보사회에 있어서 인공지능(AI)과 통계의 역학관계를 주제로 한, 맥락 파악형 문제이다. 상기 자료는 여러 가지 기술적 관점에서 달리 보일 수 있지만, 그 용어의 구분이 모호하고 중첩됨을 말하고 있다. 다시 말하면, 글쓴이의 제시 질문에 관련하여, '인공지능 시대에 통계는 그 역할이 뒤떨어지지 않는다."임을 알 수 있다. 따라서 이와 같은 맥락적 관점에서 본다면 다른 네 사람과 거리가 먼 발언을 한 사람은 ③번 정 대리이다.


**35** ④

책임감에 관한 내용이다. 직무수행 중 일어난 과실에 대해서는 법적인 책임만 부담한다는 식의 가치관보다는 무한책임감을 갖고 나는 잘못을 저질렀을 때에도, 끝까지 책임지려고 하는 책임감이 중요하다는 가치관을 가져야 한다.

직무를 수행하면서 책임은 법적인 책임만 있는 것이 아니라, 사규에 의한 책임, 도의적 책임, 개인양심에 대한 책임 등 여러 가지가 있다. 법적 책임 한 가지만 한정되어 책임감을 정의한다는 것은 직업인으로서의 윤리에 어긋난다.


**36** ⑤

타인에 의한 외부적인 동기부여가 효율적이라고 생각한다.

**37** ②

전문 의식이란 전문적인 기술과 지식을 갖기 위해 노력하는 자세이고, 연대 의식이란 직업에 종사하는 구성원이 상호 간에 믿음으로 서로 의존하는 의식이다.

**38** ②

ⓐ '긍지와 자부심을 갖고'는 소명 의식을 의미한다.
ⓑ 홀랜드의 직업 흥미 유형은 실재적 유형이다.
ⓒ 직업의 경제적 의의보다 개인적 의의를 중요시하고 있다.
ⓓ 항공기 정비원은 한국 표준 직업 분류 중 기능원 및 관련 기능 종사자에 해당한다.

**39** ⑤

① 근면에 대한 내용이다.
② 책임감에 대한 내용이다.
③ 경청에 대한 내용이다.
④ 솔선수범에 대한 내용이다.

**40** ①

ⓐ 개인의 소질, 능력, 성취도를 최우선으로 하여 직업을 선택하는 업적주의적 직업관이다.
ⓑ 개인의 욕구 충족을 중요시하는 개인중심적 직업관이다.

## ✎ 기계일반(40문항)

**1** ①

연삭가공의 연삭비＝피연삭재의 연삭된 부피/숫돌바퀴의 소모된 부피

**2** ⑤

주철 용탕에 세륨 또는 마그네슘(또는 그 합금)을 주입 직전에 첨가하면 구상 조직을 가진 흑연이 정출되는데 이것이 구상흑연주철이며, 강에 가까운 성질을 지니고 있다.

※ **구상흑연주철** … 주철의 인성과 연성을 현저히 개선시킨 것으로 용융상태의 주철에 Mg, Ce, Ca 등을 첨가하여 제작하며 자동차의 크랭크 축, 캠 축 및 브레이크 드럼 등에 사용된다.

**3** ④

ⓐ 트루스타이트(troostite) 조직은 마텐자이트(martensite) 조직보다 경도가 낮다.(경도의 비교 : 마텐자이트 > 트루스타이트 > 소르바이트 > 오스테나이트)
ⓒ 철의 표면에 규소(Si)를 침투시켜 피막을 형성하는 것은 실리코나이징(Siliconizing)이라 한다.

**4** ①

| 기호 | 설명 | 기호 | 설명 |
|------|------|------|------|
| SM | 기계구조용 탄소강재 | SBB | 보일러용 압연강재 |
| SBV | 리벳용 압연강재 | SBH | 내열강 |
| SKH | 고속도 공구강재 | BMC | 흑심 가단주철 |
| WMC | 백심 가단주철 | SS | 일반 구조용 압연 강재 |
| DC | 구상 흑연 주철 | SK | 자석강 |
| SNC | Ni-Cr 강재 | SF | 단조품 |
| GC | 회주철 | STC | 탄소공구강 |
| SC | 주강 | STS | 합금공구강 |
| | | STD | 금형용 합금공구강 |
| SWS | 용접 구조용 압연강재 | SPS | 스프링강 |

**5** ③

공구재료를 200℃ 이상의 고온에서 경도가 높은 순으로 나열하면 세라믹공구＞초경합금＞고속도강＞탄소공구강 순이다.

※ 일반적으로 공구강의 경도는 다이아몬드＞세라믹공구＞초경합금＞고속도강＞스텔라이트＞합금공구강＞탄소공구강 순이다.

**6** ④

탄소 함유량이 0.77%인 강을 오스테나이트 구역으로 가열한 후 공석변태온도 이하로 냉각시킬 때, 페라이트와 시멘타이트의 조직이 층상으로 나타나는 조직은 펄라이트이다. 펄라이트는 페리아트와 시멘타이트가 상호교대로 겹쳐서 구성된 층상조직으로서 펄라이트는 원래 이 층상조직(조개껍질)에 붙여진 명칭이다.

※ 냉각에 따른 강의 조직

| 냉각방법 | 강의 조직 |
|---|---|
| 노중 냉각 | 펄라이트 |
| 공기중 냉각 | 소르바이트 |
| 유중 냉각 | 트루스타이트 |
| 수중 냉각 | 마텐자이트 |

- 오스테나이트 : 전기저항은 크나 경도가 작고, 강도에 비해 연신율이 크다. 최대 2%까지 탄소를 함유하고 있으며 v철에 시멘타이트가 고용되어 있어 v고용체라고도 한다. (고용체 : 2종 이상의 물질이 고체 상태로 완전히 융합된 것)
- 소르바이트 : 트루스타이트를 얻을 수 있는 냉각속도보다 느리게 냉각했을 때 나타나는 조직이다. (마텐자이트+펄라이트 조직으로 구성된다.)
- 트루스타이트 : 오스테나이트를 점점 더 냉각했을 때, 마텐자이트를 거쳐 탄화철(시멘타이트)이 큰 입자로 나타나는 조직으로 a-Fe가 혼합된 조직이다.
- 마텐자이트 : 부식에 대한 저항이 크며 강자성체이고, 경도와 강도는 크나 여린 성질이 있어 연성이 작다.
- 펄라이트 : 탄소 함유량이 0.77%인 강을 오스테나이트 구역으로 가열한 후 공석변태온도 이하로 냉각시킬 때, 페라이트와 시멘타이트의 조직이 층상으로 나타나는 조직
- 베이나이트 : 연속냉각변태에서 발생하는 조직으로서 마텐자이트와 트루스타이트의 중간상태의 조직이다.
- 레데뷰라이트 : 오스테나이트와 시멘타이트가 층으로 된 조직이다.

**7** ③

리드는 나사를 한 바퀴 돌렸을 때 나사가 이동한 수평거리이며 피치와 줄수의 곱이다. 1줄 나사인 경우는 리드와 피치의 값이 동일하다. 1줄 나사가 2번을 회전하면 20mm가 이동되었으므로 1번을 회전하면 10mm가 이동되므로, 피치는 10mm가 된다.

**8** ③

백래시(backlash)가 적어 정밀 이송장치에 많이 쓰이는 운동용 나사는 볼 나사이다.

※ 백래시(backlash) … 한 쌍의 기어를 맞물렸을 때 치면 사이에 생기는 틈새이다.

※ 나사의 종류

- 삼각 나사 : 체결용 나사로 많이 사용하며 미터나사와 유니파이 나사(미국, 영국, 캐나다의 · 협정에 의해 만든 것으로 ABC 나사라고도 한다.)가 있다. 미터 나사의 단위는 mm이며 유니파이 나사의 단위는 inch이며 나사산의 각도는 모두 60˚이다.
- 사각 나사 : 나사산의 모양이 사각인 나사로서 삼각 나사에 비하여 풀어지긴 쉬우나 저항이 적은 이적으로 동력전달용 잭, 나사 프레스, 선반의 피드에 사용한다.
- 사다리꼴 나사 : 애크미 나사 또는 재형 나사라고도 함. 사각나사보다 강력한 동력 전달용에 사용한다. (산의 각도 미터계열:30˚, 휘트워스 계열: 29˚)
- 톱니 나사 : 축선의 한쪽에만 힘을 받는 곳에 사용한다. 힘을 받는 면은 축에 직각이고, 받지 않는 면은 30˚로 경사를 준다. 큰 하중이 한쪽 방향으로만 작용되는 경우에 적합하다.
- 둥근 나사 : 너클 나사, 나사산과 골이 둥글기 때문에 먼지, 모래가 끼기 쉬운 전구, 호스연결부에 사용한다.
- 볼 나사 : 수나사와 암나사의 홈에 강구가 들어 있어 마찰계수가 적고 운동전달이 가볍기 때문에 NC 공작기계나 자동차용 스티어링 장치에 사용한다. 볼의 구름 접촉을 통해 나사 운동을 시키는 나사이다. 백래시가 적으므로 정밀 이송장치에 사용된다.
- 셀러 나사 : 아메리카 나사 또는 US표준 나사라고 한다. 나사산의 각도는 60˚, 피치는 1인치에 대한 나사산의 수로 표시한다.
- 기계조립(체결용) 나사 : 미터 나사, 유니파이 나사, 관용 나사

- 동력전달용(운동용) 나사 : 사각 나사, 사다리꼴 나사, 톱니 나사, 둥근 나사, 볼 나사

**9** ④
- 스플라인(spline) : 축의 원주 상에 여러 개의 키 홈을 파고 여기에 맞는 보스(boss)를 끼워 회전력을 전달할 수 있도록 한 기계요소이다.
- 원뿔 키(cone key) : 마찰력만으로 축과 보스를 고정하며 키를 축의 임의의 위치에 설치가 가능하다.
- 안장 키(saddle key) : 축에는 가공하지 않고 축의 모양에 맞추어 키의 아랫면을 깎아서 때려 박는 키이다. 축에 기어 등을 고정시킬 때 사용되며, 큰 힘을 전달하는 곳에는 사용되지 않는다.
- 평 키(flat key) : 축은 자리만 편편하게 다듬고 보스에 홈을 판 키로서 안장 키보다 강하다.
- 둥근 키(round key) : 단면은 원형이고 테이퍼핀 또는 평행핀을 사용하고 핀 키(pin key)라고도 한다. 축이 손상되는 일이 적고 가공이 용이하나 큰 토크의 전달에는 부적합하다.
- 미끄럼 키(sliding key) : 테이퍼가 없는 키이다. 보스가 축에 고정되어 있지 않고 축위를 미끄러질 수 있는 구조로 기울기를 내지 않는다.
- 접선 키(tangent key) : 기울기가 반대인 키를 2개 조합한 것이다. 큰 힘을 전달할 수 있다.
- 페더 키(feather key) : 벨트풀리 등을 축과 함께 회전시키면서 동시에 축방향으로도 이동할 수 있도록 한 키이다. 따라서 키에는 기울기를 만들지 않는다.
- 반달 키(woodruff key) : 반달 모양의 키. 축에 테이퍼가 있어도 사용할 수 있으므로 편리하다. 축에 홈을 깊이 파야 하므로 축이 약해지는 결점이 있다. 큰 힘이 걸리지 않는 곳에 사용된다.
- 납작 키(flat key) : 축의 윗면을 편평하게 깎고, 그 면에 때려 박는 키이다. 안장키보다 큰 힘을 전달할 수 있다.
- 묻힘 키(sunk key) : 벨트풀리 등의 보스(축에 고정시키기 위해 두껍게 된 부분)와 축에 모두 홈을 파서 때려 박는 키이다. 가장 일반적으로 사용되는 것으로, 상당히 큰 힘을 전달할 수 있다.
- 전달력, 회전력, 토크, 동력의 크기 : 세레이션 > 스플라인 키 > 접선 키 > 성크 키 > 반달 키 > 평 키 > 안장 키 > 핀 키

**10** ⑤
코킹(caulking)은 리벳의 머리나 금속판의 이음새를 두들겨서 기밀(氣密)하게 하는 작업이다.

**11** ②
나비너트는 가락으로 돌려서 체결할 수 있는 손잡이가 달린 너트로서 풀림방지를 위해서 사용되는 것은 아니다.

**12** ①
관통볼트, 묻힘 키, 플랜지 너트, 분할 핀은 모두 결합용 기계요소에 속한다.
- ㉠ 결합용 기계요소 : 나사, 볼트, 너트, 키, 핀, 리벳
- ㉡ 전달용 기계요소 : 축, 축이음(커플링), 기어, 저널, 베어링, 각종 전동장치(체인전동, 마찰차전동, 벨트전동)
- ㉢ 제동용 기계요소 : 체인, 캠, 링크, 스프링, 브레이크

**13** ②
두 축의 중심선을 일치시키기 어렵거나, 진동이 발생되기 쉬운 경우에는 플렉시블 커플링을 사용하여 축을 연결하고, 두 축이 만나는 각이 수시로 변화하는 경우에는 유니버설 조인트가 사용된다.
- 플랜지 커플링 : 큰 축과 고속정밀회전축에 적합하며 커플링으로서 가장 널리 사용되는 방식이다. 양 축 끝단의 플랜지를 키로 고정한 이음이다.
- 플렉시블 커플링 : 두 축의 중심선이 약간 어긋나 있을 경우 탄성체를 플랜지에 끼워 진동을 완화시키는 이음이다. 회전축이 자유롭게 이동할 수 있다.
- 유체 커플링 : 원동축에 고정된 펌프 깃의 회전력에 의해 동력을 전달하는 이음이다.
- 유니버설 커플링 : 훅 조인트(Hook's joint)라고도 하며, 두 축이 같은 평면 내에 있으면서 그 중심선이 서로 30° 이내의 각도를 이루고 교차하는 경우에 사용되며 두 축이 만나는 각이 수시로 변화하는 경우에 사용되기도 한다. 공작 기계, 자동차의 동력전달 기구, 압연 롤러의 전동축 등에 널리 쓰인다.

**14** ①

올덤 커플링(oldham coupling) … 두 축이 평행하거나 약간 떨어져 있는 경우에 사용되고, 양축 끝에 끼어 있는 플랜지 사이에 90°의 키 모양의 돌출부를 양면에 가진 중간 원판이 있고, 돌출부가 플랜지 홈에 끼워 맞추어 작용하도록 3개가 하나로 구성되어 있다.

**15** ③

플렉시블 커플링 … 두 축의 중심선이 약간 어긋나 있을 경우 탄성체를 플랜지에 끼워 진동을 완화시키는 이음이다. 회전축이 자유롭게 이동할 수 있다.

※ **커플링** … 운전 중에는 결합을 끊을 수 없는 영구적인 이음이다.

- 고정 커플링 : 일직선상에 있는 두 축을 연결한 것으로서 볼트 또는 키를 사용하여 결합하고, 양축 사이에 상호이동을 하지 못하는 구조로 된 커플링으로서 원통형과 플랜지형으로 대분된다.
- 원통형 커플링 : 가장 간단한 구조의 커플링으로서 두 축의 끝을 맞대어 일직선으로 놓고 키 또는 마찰력으로 전동하는 커플링이다. 머프 커플링, 마찰 원통 커플링, 셀러 커플링 등이 있다.
- 머프 커플링 : 주철제의 원통 속에서 두 축을 서로 맞대고 키로 고정한 커플링이다. 축지름과 하중이 작을 경우 사용하며 인장력이 작용하는 축에는 적합하지 않다.
- 셀러 커플링 : 머프 커플링을 셀러(seller)가 개량한 것으로 주철제의 바깥 원통은 원추형으로 이고 중앙부로 갈수록 지름이 가늘어지는 형상이다. 바깥 원통에 2개의 주철제 원추통을 양쪽에 박아 3개의 볼트로 죄어 축을 고정시킨 것이다.
- 플랜지 커플링 : 큰 축과 고속정밀회전축에 적합하며 커플링으로서 가장 널리 사용되는 방식이다. 양 축 끝단의 플랜지를 키로 고정한 이음이다.
- 플렉시블 커플링 : 두 축의 중심선이 약간 어긋나 있을 경우 탄성체를 플랜지에 끼워 진동을 완화시키는 이음이다. 회전축이 자유롭게 이동할 수 있다.
- 기어 커플링 : 한 쌍의 내접기어로 이루어진 커플링으로 두 축의 중심선이 다소 어긋나도 토크를 전달할 수 있어 고속회전 축이음에 사용되는 이음
- 유체 커플링 : 원동축에 고정된 펌프 깃의 회전력에 의해 동력을 전달하는 이음이다.

- 올덤 커플링 : 2축이 평행하거나 약간 떨어져 있는 경우에 사용되고, 양축 끝에 끼어 있는 플랜지 사이에 90°의 키 모양의 돌출부를 양면에 가진 중간 원판이 있고, 돌출부가 플랜지 홈에 끼워 맞추어 작용하도록 3개가 하나로 구성되어 있다. 두 축의 중심이 약간 떨어져 평행할 때 동력을 전달시키는 축으로 고속회전에는 적합하지 않다.
- 유니버설 커플링(조인트) : 훅 조인트(Hook's joint)라고도 하며, 두 축이 같은 평면 내에 있으면서 그 중심선이 서로 30° 이내의 각도를 이루고 교차하는 경우에 사용된다. 공작 기계, 자동차의 동력전달 기구, 압연 롤러의 전동축 등에 널리 쓰인다.

**16** ③

- 유체 커플링 : 유체를 매개로 하여 동력을 전달하는 장치로 유체를 가득 채운 케이싱 내부에 임펠러(impeller)를 서로 마주보게 세워두고 회전력을 전달하는 장치
- 역류방지 밸브(체크 밸브) : 유체를 한 방향으로만 흐르게 해, 역류를 방지하는 밸브. 체크 밸브라고도 한다.

**17** ③

니들 롤러 베어링 … 길이에 비하여 지름이 매우 작은 롤러를 사용하는 베어링으로서 좁은 장소에서 비교적 큰 충격하중을 받게 되는 내연기관의 피스톤 핀에 사용된다. 길이에 비하여 지름이 매우 작은 롤러를 사용하므로 축방향 하중 지지에는 적합하지 않으며, 또한 축 자체가 축 방향으로 하중을 받게 되면 아래 그림에 제시된 것처럼 화살표방향으로 미끄러지기 쉽다. 니들롤러베어링은 아래 그림과 같은 구조로 되어 있으며 종류가 매우 많다. (니들롤러 베어링뿐만 아니라 일반적인 롤러 베어링은 구조상 축 방향 하중을 지지할 수 없다.)

※ **베어링의 종류**

- 레이디얼 베어링 : 축에 직각방향의 하중(반경방향)을 지지하는 베어링이다.
- 원통 롤러 베어링 : 중하중이 축에 가해지는 경우 사용하는 베어링으로 롤러와 궤도가 선접촉을 하고 있으므로 중하중, 충격하중, 고속회전에 적합하

다. 내륜, 외륜이 분리되어 있으므로 조립해체가 용이하다.

- 원뿔 롤러 베어링 : 회전축에 수직인 하중과 회전축 방향의 하중을 동시에 받는 경우 사용하는 베어링이다.

- 니들 롤러 베어링 : 길이에 비해 지름이 매우 작은 롤러를 사용한 베어링으로서 내륜과 외륜의 두께가 얇아 바깥지름이 작으며, 단위면적에 대한 강성이 크므로 비교적 큰 하중을 받는 기계장치에 사용된다.

- 테이퍼 롤러 베어링 : 테이퍼 형상의 롤러가 적용된 베어링으로 축방향 하중과 축에 직각인 하중을 동시에 지지할 수 있다.

- 매그니토 베어링 : 내륜의 홈은 깊은홈 볼베어링보다 다소 얕고 턱이 없는 쪽의 외륜 내경은 외륜홈의 바닥에서부터 원통형으로 되어 있는 베어링이다. 외륜을 분리할 수 있으므로 베어링의 부착이 편리하며 보통 2개를 짝지어 사용한다.

- 자동 조심 베어링 : 축심의 어긋남을 자동으로 조정하는 베어링이다. 내륜 궤도는 두 개로 분리되어 있고, 외륜 궤도는 구면으로 공용궤도이다. 설치오차를 피할 수 없는 경우, 또는 축이 휘기 쉬운 경우 등 허용경사각이 비교적 클 때에 사용한다. (스러스트 하중이 작용할 경우 수명이 급격히 저하된다.)

- 단열 깊은 홈볼 베어링 : 구름 베어링 중 가장 일반적인 형태로서 가격이 저렴하고 비분리형 베어링이다. 내륜과 외륜의 궤도반경은 볼의 반경보다 약간 크며, 내륜의 바깥지름과 외륜의 안쪽 반지름과의 차이는 볼의 직경보다 약간 커서 틈새가 있다. 이러한 틈새는 축 방향으로 약간 이동하여 조립함으로써 틈새를 조정할 수 있도록 되어 있다

- 앵귤러 볼 베어링 : 육안으로 살펴보면 일반 볼베어링과 유사하나 롤러가 놓이는 부분이 경사가 져 있다. 접촉각을 가진 베어링으로서 높은 정확도와 고속회전이 필요한 경우 사용된다. 일반볼베어링은 주로 축과 직각되는 방향의 힘을 견딜 수 있도록 설계되었으나 앵귤러 볼베어링은 축방향 및 측면 방향의 하중도 견디도록 설계되어 있다.

- 스러스트 롤러 베어링 : 스러스트 베어링은 하중이 축을 따라서 가해지는 베어링이다. 고속회전을 할 경우 롤러가 밀려나 가게 되어 마찰저항이 커지므로 고속회전에는 적합하지 않다.

- 4점 접촉 볼베어링 : 내륜을 2분할하고 35도 정도의 접촉각을 가진 구조의 베어링이다.

- 공기 정압 베어링 : 볼이나 롤러가 아닌, 압축공기의 압력으로 공간을 만든 베어링이다.

**18** ②

$\delta_{\max} = \dfrac{4PL^3}{bh^3 E}$ 이므로 스프링의 두께($h$)를 2배로 하면 처짐이 $\dfrac{1}{2^3}$ 배가 된다.

**19** ④

**디스크 브레이크** ··· 축압 브레이크의 일종으로 마찰패드에 회전축 방향의 힘을 가하여 회전을 제동하는 장치

**20** ②

자동차에 사용되는 판 스프링(leaf spring)이나 쇼크 업소버(shock absorber)는 완충 장치이다.

**21** ③

- 서징현상 : 압축기, 송풍기 등에서 운전중에 진동을 하며 이상 소음을 내고, 유량과 토출 압력에 이상 변동을 일으키는 수가 있는데 이 현상을 말한다.

- 공동현상 : 펌프의 흡입양정이 너무 높거나 수온이 높아지게 되면 펌프의 흡입구 측에서 물의 일부가 증발하여 기포가 되는데 이 기포는 임펠러를 거쳐 토출 구측으로 넘어가게 되면 갑자기 압력이 상승하여 물 속으로 다시 소멸이 되는데 이때 격심한 소음과 진동이 발생하게 된다. 이를 공동현상이라고 한다.

- 노킹현상 : 충격파가 실린더 속을 왕복하면서 심한 진동을 일으키고 실린더와 공진하여 금속을 두드리는 소리를 내는 현상

**22** ③

**냉동 사이클의 성적계수** ··· 압축 일의 열량에 대한 증발기의 흡수열량의 비이므로, $\dfrac{250}{350-250}=2.5$

**23** ①

그레이더는 주로 도로공사에 쓰이는 굴착기계로 주요 부는 땅을 깎거나 고르는 블레이드(blade :날)와 땅을 파 일구는 스캐리파이어(scarifier)로, 2~4km/h로 주행하면서 작업을 하는 건설기계로서 지반의 표면작업 장비로 자주 사용된다. 보기의 장비들 중 지반의 절삭과 표면고르기의 작업을 동시에 가장 잘 수행할 수 있는 기계는 그레이더이므로 ①이 답이 된다.

※ 건설기계의 종류

| 구분 | 종류 | 특성 |
|---|---|---|
| 굴착용 | 파워쇼벨 | 지반면보다 높은 곳의 땅파기에 적합하며 굴착력이 크다. |
| | 드래그쇼벨 | 지반보다 낮은 곳에 적당하며 굴착력이 크고 범위가 좁다. |
| | 드래그라인 | 기계를 설치한 지반보다 낮은 곳 또는 수중 굴착 시에 적당하다. |
| | 클램쉘 | 좁은 곳의 수직굴착, 자갈 적재에도 적합하다. |
| | 트렌처 | 도랑파기, 줄기초파기에 사용된다. |
| 정지용 | 불도저 | 운반거리 50~60m(최대 100m)의 배토, 정지작업에 사용된다. |
| | 앵글도저 | 배토판을 좌우로 30도 회전하며 산허리를 깎는데 유리하다. |
| | 스크레이퍼 | 흙을 긁어모아 적재하여 운반하며 100~150m의 중거리 정지공사에 적합하다. |
| | 그레이더 | 땅고르기 기계로 정지공사 마감이나 도로 노면정리에 사용된다. |
| 다짐용 | 전압식 | 롤러 자중으로 지반을 다진다. (로드롤러, 탬핑롤러, 머케덤롤러, 타이어롤러) |
| | 진동식 | 기계에 진동을 발생시켜 지반을 다진다. (진동롤러, 컴팩터) |
| | 충격식 | 기계가 충격력을 발생시켜 지반을 다진다. (램머, 탬퍼) |
| 실기용 | 크롤러로더 | 굴착력이 강하며, 불도저 대용용으로도 쓸 수 있다. |
| | 포크리프트 | 창고하역이나 목재 싣기에 사용된다. |
| 운반용 | 컨베이어 | 밸트식과 버킷식이 있고 이동식이 많이 사용된다. |

**24** ②

담금질을 하면 강도와 경도가 모두 올라간다.

**25** ④

회전하는 축의 설계에서 비틀림 각에 대해서는 비틀림 모멘트를 계산해야 하며 이는 허용 비틀림 응력 범위 내에 포함되는 지 검토가 되어야 한다.

**26** ④

테일러(Taylor) 공구의 수명식

$VT^n = C$ ($V$는 절삭속도, $T$는 공구수명, $C$는 상수, $n$은 공구와 가공물에 의한 지수)

**27** ③

원자로는 핵분열이라고 부르는 핵반응이 자체적으로 유지되고 제어되는 장치이며 이 원자로에서 발생한 열에 의해 증기를 이용하여 터빈을 회전시킨다.

**28** ③

두 개의 절삭날이 이루는 각을 날끝각 이라고 하며 날끝각은 연한 재료를 가공할 때에는 60-90˚ 단단한 재료를 가공할 때에는 135-150˚ 정도가 된다.

**29** ①

② 압연의 주목적은 재료의 두께를 감소시키기 위한 것이다.
③ 압연에 의하여 폭은 약간 늘어든다.
④ 냉간 압연은 열간 압연에 비하여 표면이 매끈하고 깨끗하다.
⑤ 열간 압연은 냉간 압연에 비하여 재료의 강도가 낮아진다.
※ 냉간압연강판은 열간압연강판에 비해 두께가 얇고 정밀도가 우수하며 표면이 미려하고 평활하며 가공성이 우수하다.

**30** ②

티타늄은 알루미늄보다 비중이 크다.

**31** ②

연산율

$$= \frac{파괴되기\ 직전의\ 시편의\ 길이 - 시편의\ 초기\ 길이}{시편의\ 초기\ 길이} \times 100$$

그러므로 문제에 주어진 조건에 따르면 시편의 초기 길이는 20cm가 된다.

**32** ③

$$이음효율 = \frac{(용접이음의\ 인장강도)}{모재의\ 인장강도} \times 100\%$$

견딜 수 있는 최대 인장력을 $F$라고 할 경우

$$\left(\frac{2F}{10 \times 130}\right) / 40 = 1$$ 이 되어야 하므로

$F = 26,000\,kgf$

**33** ②

공구의 온도가 상승하면 공구재료는 연화된다.

**34** ④

④ 주물의 표면이 깨끗하며 치수정밀도가 높다.

**35** ①

응력집중 경감 대책

㉠ 재료내의 응력 흐름을 밀집되게 해서는 안 된다.

㉡ 단면 변화 부분에 열처리를 하는 것은 좋지 않다.

㉢ 단면 변화 부분에 보강재를 대는 것이 좋다.

㉣ 단면 변화를 되도록 작게 하는 것이 좋다.

**36** ②

노크의 발생원인

㉠ 제동 평균 유효압력이 높을 때

㉡ 흡기의 온도와 압력이 높을 때

㉢ 점화시기가 빠를 때

㉣ 혼합비가 높을 때

㉤ 실린더 온도가 높아지거나 적열된 열원이 있을 때

㉥ 기관의 회전속도가 낮아 화염전파속도가 느릴 때

**37** ⑤

전 지간에 걸쳐 등분포 하중이 작용하는 외팔보에서 가장 큰 모멘트가 작용하는 곳은 고정단부이며 이 곳의 발생하는 모멘트의 크기는 $\frac{wl^2}{2}$ 이 된다.

**38** ⑤

| | 가솔린 기관 | 디젤 기관 |
|---|---|---|
| 점화방식 | 불꽃점화 | 압축착화 |
| 연료공급 방식 | 공기와 연료의 혼합기형태로 공급 | 실린더 내로 압송하여 분사 |
| 연료공급 장치 | 인젝터, 기화기 | 연료분사펌프연료분사 노즐 |
| 압축비 | 7~10 | 15~22 |
| 압축압력 | 8~11kg/cm² | 30~45kg/cm² |
| 압축온도 | 120~140℃ | 500~550℃ |
| 압축의 목적 | 연료의 기화 도모 공기와 연료의 혼합도모 폭발력 증가 | 착화성 개선 |
| 열효율(%) | 23~28 | 30~34 |
| 토크특성 | 회전속도에 따라 변화 | 회전속도에 따라 일정 |
| 배기가스 | CO, 탄화수소, 질소, 산화물 | 스모그, 입자성물질, 이산화황 |
| 기관의 중량 | 가볍다 | 무겁다 |
| 제작비 | 싸다 | 비싸다 |

**39** ⑤

초음파 가공 … 초음파 진동수로 기계적 진동면과 공작물 사이 숫돌입자, 물 또는 기름을 주입하면서 상하진동으로 일감을 때려 표면을 다듬는 방법이다. 가공하고자 하는 형의 금속공구를 만들어 이것을 가공물에 근접시키고 공구의 상하진폭을 $10 \sim 30\mu$ 정도로 하면 공구와 공작물 사이에 있는 연삭입자가 공구의 진동으로 인하여 충격적으로 가공물에 부딪쳐서 정밀하게 다듬는 방식이다.

• 상하방향으로 초음파 진동하는 공구를 사용한다.

• 진동자는 20kHz 이상으로 진동한다.

• 가공액에 함유된 연마입자가 공작물과 충돌에 의해 가공된다.

- 연마입자는 알루미나, 탄화규소, 탄화붕소 등이 사용된다.
- 주로 경질금속이나 취성의 도자기와 같은 것들을 가공하는데 사용된다.

**40** ②

$$\frac{120}{400 \times 2}[\text{min}] = \frac{120 \times 60}{800}[\text{sec}] = 9초$$

# 제 2 회 정답 및 해설

✏️ **직업기초능력평가(40문항)**

**1 ①**

제시된 보고서에서 A는 1인 가구의 대다수는 노인가구가 차지하고 있으며 노인가구는 소득수준이 낮은데 반해 연료비 비율이 높다는 점을 지적하고 있다. 따라서 보기 ②~⑤의 내용은 A가 언급한 내용과 직접적인 연관성이 있는 근거 자료가 될 수 있으나, 과거 일정기간 동안의 연료비 증감 내역은 제시된 정보라고 할 수 없다.

**2 ③**

열정페이란 월급은 적게 주면서 온갖 업무를 많이 시키는 행위를 비꼬는 말이다. 법적으로 정한 최저임금에 턱없이 못 미치는 임금을 지불받고 있지만 취업 관문에 서 있는 인턴이나, 취업을 위해 경력을 쌓아야만 하는 사람들, 또는 그 적은 금액의 돈이라도 꼭 필요한 사람들에게는 이와 같은 부당함이 인내의 대상이 된 것이다.

**3 ②**

LID에 대한 설명을 주 내용으로 하는 글이므로 용어의 소개와 주요 국가별 기술 적용 방식을 언급하고 있는 (나) 단락이 가장 먼저 놓여야 할 것이다. 국가별 간략한 소개에 이어 (가)에서와 같이 우리나라의 LID 기법 적용 사례를 소개하는 것이 자연스러운 소개의 방식으로 볼 수 있다. (다)와 (라)에서는 논지가 전환되며 앞서 제시된 LID 기법에 대한 활용 방안에 대하여 소개하고 있는 바, (라)에서 시급히 보완해야 할 문제점이 제시되며 한국 그린인프라 · 저영향 개발 센터를 소개하였고, 이곳에서의 활동 내역과 계획을 (다)에서 구체적으로 제시하고 있다. 따라서 (나) – (가) – (라) – (다)의 순서가 가장 자연스러운 문맥의 흐름으로 볼 수 있다.

**4 ③**

시선공유도 바람직한 의사소통을 위한 중요한 요소이지만 위 글에 나오는 형식이의 노력에서는 찾아볼 수 없다.

**5 ②**

대화 속의 A와 B는 디지털 글쓰기의 장점과 단점에 대해 이야기하고 있다. 따라서 두 사람이 제출했을 토론 주제로 '디지털 글쓰기의 장단점'이 적합하다.

**6 ④**

④ 실제(實際)는 어떤 '사실'에 초점을 둔 말로, 쓰거나 본인이 보거나 듣거나 하는 경험을 통해서 무엇인가를 직접 하거나 느끼는 것을 말한다. 실재(實在)는 사실로서 현실에서 존재함의 의미를 지닌 것으로 그 '존재'에 초점이 있다. 따라서 4차 산업혁명과 관련한 현상이 현실에 존재하는가에 대한 회의적인 시각에 대해 이야기하고 있으므로 '실재'로 쓰는 것이 적절하다.

① 변화 : 사물의 성질, 모양, 상태 따위가 바뀌어 달라짐.

② 예측 : 미리 헤아려 짐작함.

③ 도래 : 어떤 시기나 기회가 닥쳐옴.

⑤ 이견 : 서로 다른 의견.

**7 ②**

주어진 글에서 '대체'는 다른 것으로 대신함을 뜻하는 '代替'를 쓰는 것이 적절하다.

※ 대체(大體) : 일이나 내용의 기본적인 큰 줄거리

**8**  ④

④ 마지막 문단 두 번째 문장에서 '적자생존이란 어떤 형태로든 잘 살 수 있는, 적응을 잘하는 존재가 살아 남는다는 것이지 꼭 남을 꺾어야만 한다는 뜻은 아닙니다.'라고 언급하고 있다.

**9**  ②

㉠ A의 진술이 참이고, E의 진술이 거짓인 경우

| A | B | C | D | E |
|---|---|---|---|---|
| 목격자 ○ | | | | 범인 × |

B, E의 진술이 거짓이므로, 세 번째 조건에 의해 C, D의 진술은 참
범인은 C가 되고 A의 진술은 참이 된다.

| A | B | C | D | E |
|---|---|---|---|---|
| 목격자 ○ | × | 범인 ○ | | 범인 × |

결국 C, E가 범인이고 첫 번째 조건에 부합한다.
범인이 아닌 사람은 A, B, D이다.

㉡ A의 진술이 거짓이고 E의 진술이 참인 경우

| A | B | C | D | E |
|---|---|---|---|---|
| × | | | | ~범인 ○ |

A의 진술이 거짓이므로 D의 진술도 거짓

| A | B | C | D | E |
|---|---|---|---|---|
| × | | | × | ~범인 ○ |

A, D의 진술이 거짓이므로, 세 번째 조건에 의해 B, C의 진술은 참
범인은 C, 목격자는 B가 된다.

| A | B | C | D | E |
|---|---|---|---|---|
| × | 목격자 ○ | 범인 ○ | × | ~범인 ○ |

범인이 아닌 사람은 B, E이다.
㉠㉡을 종합하여 보면 반드시 범인이 아닌 사람은 B가 된다.

**10**  ③

㉠ 악취 요인 A : 버섯과 술을 마셨을 때 악취 발생, 버섯은 먹고 술은 마시지 않았을 때는 악취가 발생하지 않았다.

㉡ 미각 상실 원인 B : 버섯을 먹고 술을 마시거나 마시지 않아도 발병했다. 또한 B는 물에 끓여도 효과가 약화되지 않는다는 것도 알 수 있다.

㉢ 백혈구 감소 물질 C : ㉡과 같이 물에 끓여도 효과가 약화되지 않는다. 만약 물에 끓여 효과가 약화된다면 을은 백혈구 감소가 나타나지 않아야 한다.

**11**  ②

㉡ 갑 = 을
㉢ 을 ∩ 병, 갑 ×
㉣ 갑 ×, 정 ×
㉤ 정 ×, 병 × , 갑 ○
㉥ 갑 ×, 무 ×
㉦ 무 ○, 병 ×

이것을 정리해 보면 ㉣㉤에 의해 갑 가담, 갑이 가담하면 을도 가담
㉢에 의해 을이 가담했으므로 병도 가담
㉤에 의해 정도 가담
무만 가담하지 않음을 알 수 있다.

**12**  ③

• A가 선정되면 B도 선정된다.
　→ A→B ⋯ ⓐ
• B와 C가 모두 선정되는 것은 아니다.
　→ ~(B∧C)=~B∨~C ⋯ ⓑ
• B와 D 중 적어도 한 도시는 선정된다.
　→ B∨D ⋯ ⓒ
• C가 선정되지 않으면 B도 선정되지 않는다.
　→ ~C→~B ⋯ ⓓ
ⓑ와 ⓓ를 통해 ~B는 확정
ⓐ와 ~B를 통해 ~A도 확정
ⓒ와 ~B를 통해 D도 확정
㉠ A와 B 가운데 적어도 한 도시는 선정되지 않는다.
　→ 참
㉡ B도 선정되지 않고, C도 선정되지 않는다.
　→ B는 선정되지 않지만 C는 모름
㉢ D는 선정된다. → 참

**13** ⑤

- 지원자 중 3명 선발
- 과장을 선발할 경우 동일 부서에 근무하는 직원을 1명 이상 함께 선발, 어학 능력 '하'인 직원을 선발한다면 어학 능력 '상'인 직원도 선발
- 근무평정이 70점 이상, 2년 이상 경과하지 않은 직원 선발 불가 → A 탈락
- 기술본부 직원을 1명 이상 선발 → F 선발

보기를 보면 ③과 ⑤으로 함축되는데 ③ 사업본부 B과장을 선발하면 동일 부서 직원을 함께 선발해야 하는데 G사원은 어학능력이 '하'이므로 '상'인 직원도 선발해야 하므로 D팀장이 선발되어야 한다. 반드시 F는 선발되어야 하므로 성립되지 않는다. 그러므로 ⑤가 정답이 된다.

**14** ②

A가 참이면 A=금, B=은, C=×

B가 참이면 A=금, B=×, C=은

C가 참이면 모순이 된다.

그러므로 항상 옳은 것은 '상자 A에는 금반지가 있다'가 된다.

**15** ②

㉠과 ㉢, ㉣에 의해 E > B > A > C이다.

㉡에서 D는 C보다 나이가 적으므로 E > B > A > C > D이다.

**16** ③

D가 치과의사라면 ㉣에 의해 C는 치과의사가 되지만 그렇게 될 경우 C와 D 둘 다 치과의사가 되기 때문에 모순이 된다. 이를 통해 D는 치과의사가 아님을 알 수 있다. ㉡과 ㉤ 때문에 B는 승무원, 영화배우가 될 수 없다. ㉥을 통해서는 B가 국회의원이 아니라 치과의사라는 사실을 알 수 있다. ㉣에 의해 C는 치과의사가 아니므로 D는 국회의원이라는 결론을 내릴 수 있다. 또한 ㉢에 의해 C는 영화배우가 아님을 알 수 있다. C는 치과의사도, 국회의원도, 영화배우도 아니므로 승무원이란 사실을 추론할 수 있다. 나머지 A는 영화배우가 될 수밖에 없다.

**17** ⑤

갈등에 대응하는 유형

㉠ **경쟁형** : 자신의 목표만을 배타적으로 추구한다. 자기주장이 강하고 경쟁적 자세를 가진다. 자신의 입장을 고수하고 힘에 의존한다. 자신의 목표를 달성하는 대신 상대와의 관계를 희생시킨다.

㉡ **타협형** : 자신이 추구하는 것을 상대의 목표와 절충하고 타협적으로 해결하려 한다. 자신의 실익과 상대와의 관계를 적절히 조화시키려 한다.

㉢ **회피형** : 문제가 있어도 이를 해결하려 하지 않고 회피하거나 보류한다. 갈등상태에 있는 자신의 목표실익 달성을 추구하지 않는다. 더 큰 갈등을 우려해 당장의 문제 해결을 연기하기도 한다.

㉣ **순응형** : 자신의 이해관계보다는 상대의 요구에 맞춰 갈등해소를 추구한다. 자신의 실익보다는 상대와의 관계를 더 중요시하며, 상대와의 경쟁이나 대립을 회피한다. 자기주장을 잘 못하거나 하지 않는다.

㉤ **협력형** : 윈-윈 방식으로 문제를 해결하려고 한다. 상대방과 함께 해결책을 만드는 협동적인 문제 해결 과정을 거치며 서로 자신이 추구하는 실익을 상대에게 이해시킨다. 각자의 목표를 충족시키며 효과적인 상호관계를 형성한다.

**18** ②

현재 동신과 명섭의 팀에게 가장 필요한 능력은 팀워크능력이다.

**19** ①

T그룹에서 워크숍을 하는 이유는 직원들 간의 단합과 화합을 키우기 위해서이고 또한 각 부서의 장에게 나름대로의 재량권이 주어졌으므로 위의 사례에서 장부장이 할 수 있는 행동으로 가장 적절한 것은 ①번이다.

**20** ③

리츠칼튼 호텔은 고객이 무언가를 물어보기 전에 고객이 원하는 것에 먼저 다가가는 것을 서비스 정신으로 삼고 있다. 기존 고객의 데이터베이스를 공유하여 고객이 원하는 서비스를 미리 제공할 수 있는 것이다.

**21** ④

나팀장의 팀원들은 매일 과도한 업무로 인해 스트레스가 쌓인 상태이므로 잠시 일상에서 벗어나 새롭게 기분전환을 할 수 있도록 배려해야 한다. 그러기 위해서는 조용한 숲길을 걷는다든지, 약간의 수면을 취한다든지, 사우나를 하면서 몸을 푸는 것도 좋은 방법이 될 수 있다.


**22** ②

② 갈등은 문제 해결보다 승리를 중시하는 태도에서 증폭된다.


**23** ①

협상과정

협상 시작→상호 이해→실질 이해→해결 대안→합의 문서


**24** ①

〈사례2〉에서 희진은 자신의 업무에 대해 책임감을 가지고 일을 했지만 〈사례1〉에 나오는 하나는 자신의 업무에 대한 책임감이 결여되어 있다.


**25** ④

풍수해로 인한 오염에 따른 식품의 사고 시에도 위기경보 수준은 4단계 모두가 적용된다.
① 2개 지역에서 총 100명 이상의 식중독 환자가 발생하였으므로 '경계' 단계에 해당된다.
② 사망자의 수는 제한을 두지 않고 있으므로 발생과 동시에 '심각' 단계가 된다.
③ 위기경보의 단계별 수준 내역에는 언론보도로 인한 불안감 증폭 수준의 변화도 기준으로 명시되어 있다.
⑤ 언론에 의한 불안감 증폭과 환자 발생 여부는 위기경보 단계 상향 조정의 원인이 되므로 언급된 원인이 없는 상황은 '관심' 단계에 해당된다.


**26** ②

★, ▲, △ 스위치를 눌러서 다음과 같은 순서로 변화된 것이다.

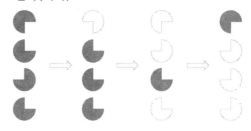


**27** ⑤

▲, ☆을 눌러서 다음과 같은 순서로 변화하게 된다.

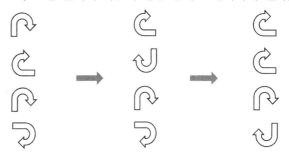


**28** ⑤

소모품이므로 자연적으로 수명이 다하게 되면 유료 서비스에 해당한다.
④ 수리용 부품은 있으나 수리 불가능 시, 정액 감가상각을 하게 되면 교환이 가능하다고 명시되어 있다.


**29** ③

주어진 〈보기〉에서 알 수 있는 사항은 다음과 같다.
가로축 : H, 세로축 : V
평행사변형 : E, 삼각형 : J, 타원 : W
내부 채색 : N, 내부 무채색 : R
소 : 1, 중 : 2, 대 : 3
따라서 제시된 도형들의 명령어는 H5 / V5, J(2,1): R1 / W(3,2): N3 / E(5,2): R2가 된다.

**30** ④

내부 채색 삼각형의 크기 값에 오류가 발생하여 N2가 N3의 결과 값으로 산출되었다.

제시된 그래프의 올바른 결과 값은 H6 / V5, W(1,3): N2 / E(2,1): R3 / J(3,4): N3 / W(6,1): R2이 된다.

**31** ⑤

전 조합원들의 만족을 이끌어 낼 수 있는 R사의 독특한 인센티브 지급 계획은 아직 계획 단계에 있는 것이며, 무형의 전략 자체가 반드시 산업재산권으로 보호받을 수 있다고 단정할 수는 없다.

① 오랜 실험을 통하여 개발에 성공한 의료용 시술 기기 → 특허

② 시장 상황의 면밀한 분석을 통하여 결정한 환경친화적 특성을 부각시킨 신제품의 이름 → 상표권

③ 독특한 모양으로 소비자들의 기호를 사로잡은 H사 제품의 외관 디자인 → 의장

④ 안전성과 편리함을 배가시킨 현관문 도어록 장치 → 실용신안 또는 특허

**32** ④

360도 회전비행을 위해서는 360도 회전비행을 먼저 눌러야 하며 부품별 기능표의 ⑤번 버튼이 이에 해당된다. 다음으로 오른쪽 이동방향 조작 레버를 원하는 방향으로 조작하여야 하므로 ③번 버튼이 이에 해당된다.

**33** ②

4차 산업발전이 제공하는 스피드와 만족과 더불어서 C2C (Customer to Customer)는 인터넷을 통한 직거래 또는 물물교환, 경매 등에서 특히 많이 활용되는 전자상거래 방식이다. CJ 오쇼핑이 제공하는 서비스는 "수수료를 받지 않고 개인 간 물품거래를 제공하는 스마트폰 애플리케이션 '오늘 마켓'을 서비스 한다"는 구절을 보면 알 수 있다.

**34** ④

직업별 윤리에는 노사 관계에서의 근로자 및 기업가의 윤리, 공직자의 윤리, 직종별 특성에 맞는 법률, 법령, 규칙, 윤리 요강, 선언문 등의 행위 규범이 있다.

**35** ③

③ 타협하거나 부정직을 눈감아 주지 말아야 한다.

**36** ④

건배 시에 잔을 부딪칠 때에는 상위자의 술잔보다 높게 들지 않아야 한다. 다시 말해, 회식자리에서도 상하 구분이 존재하므로 상위자 (상사)보다는 잔을 높이 들면 안 되며, 더불어서 상위자 (상사)보다 먼저 술잔을 내려놓지 않는다.

**37** ①

**직업윤리의 덕목**

㉠ **소명의식** : 자신이 맡은 일을 하늘에 의해 맡겨진 일이라고 생각하는 태도

㉡ **천직의식** : 자신의 일이 자신의 능력에 맞는다 여기고 열성을 가지고 성실히 임하는 태도

㉢ **직분의식** : 자신이 하고 있는 일이 사회나 기업을 위해 중요한 역할을 하고 있다고 믿는 태도

㉣ **책임의식** : 직업에 대한 사회적 역할과 책무를 충실히 수행하고 책임을 다하는 태도

㉤ **전문가의식** : 자신의 일이 누구나 할 수 있는 것이 아니라 해당분야의 지식을 바탕으로 가능한 것이라 믿는 태도

㉥ **봉사의식** : 직업활동을 통해 다른사람과 공동체에 대해 봉사하는 정신을 갖춘 태도

**38** ②

Jeep류의 차종인 경우 (문이 2개)에는 운전석의 옆자리가 상석이 된다.

**39** ④

영어의 경우에는 대소문자를 명확히 구분해서 표기해야 한다.

**40** ④

소개 예절
- 나이 어린 사람을 연장자에게 소개한다.
- 내가 속해 있는 회사의 관계자를 타 회사의 관계자에게 소개한다.
- 신참자를 고참자에게 소개한다.
- 동료임원을 고객, 손님에게 소개한다.
- 비임원을 임원에게 소개한다.
- 소개받는 사람의 별칭은 그 이름이 비즈니스에서 사용되는 것이 아니라면 사용하지 않는다.
- 반드시 성과 이름을 함께 말한다.
- 상대방이 항상 사용하는 경우라면, Dr. 또는 Ph.D. 등의 칭호를 함께 언급한다.
- 정부 고관의 직급명은 퇴직한 경우라도 항상 사용한다.
- 천천히 그리고 명확하게 말한다.
- 각각의 관심사와 최근의 성과에 대하여 간단한 언급을 한다.

✏ 기계일반(40문항)

**1** ⑤

⑤ 베어링은 전달용 기계요소에 속한다.

**2** ②

② 커링은 성형가공에 해당한다.

**3** ④

호칭경은 수나사의 바깥지름의 굵기로 표시하며, 미터계 나사의 경우 지름 앞에 M자를 붙여 사용한다. (예 : M1, M1.2, M1.4, M1.6)

나사에 있어서 유효 지름이란, 수나사와 암나사가 접촉하고 있는 부분의 평균 지름을 말한다. 즉, M4라는 표시는 유효지름이 4mm라는 의미가 아니라 수나사의 바깥지름이 4mm라는 의미이다.

**4** ①

스프링 백 ⋯ 소성재료의 굽힘 가공에서 재료를 굽힌 다음 압력을 제거하면 원상으로 회복되려는 탄력 작용으로 굽힘량이 감소되는 현상을 말한다.

**5** ①

줄의 호칭치수는 자루부분을 제외한 전체 길이로 한다.

**6** ⑤

① 트루잉 : 연삭면을 숫돌과 축에 대하여 평행 또는 일정한 형태로 성형시키는 작업
② 드레싱 : 눈메움 또는 무딤 발생 시 숫돌 표면에 드레서라는 공구를 이용하여 숫돌날을 생성시키는 작업
③ 글레이징 : 숫돌바퀴의 입자가 탈락되지 않고 마멸에 의해 납작해진 현상
④ 로딩 : 숫돌입자의 표면이나 기공에 칩이 끼어있는 현상
⑤ 스필링 : 결합제의 힘이 약해서 작은 절삭력이나 충격에 쉽게 입자가 탈락하는 것을 말한다.

**7** ③

선반의 주요 구성 요소

㉠ 베드 : 다른 주요부분의 하중에 변형이 없어야 하고, 선반의 안내운동을 정확하게 전달하는 역할을 한다.

㉡ 주축대 : 가공품을 지지하면서 회전시키고 회전수의 변경, 바이트를 이송시키는 원동력을 전달하는 원천이다.

㉢ 심압대 : 센터로 가공물을 지지하거나 드릴과 리머 등을 고정하여 작업하는 역할을 한다.

㉣ 이송대 : 주축대의 주축의 회전운동을 리드스크루 또는 이송축에 전달할 때 기어연결로써 전달한다.

㉤ 왕복대 : 베드상부 주축대와 심압대의 중간에 놓여 있으며 왕복대의 상부에는 바이트를 설치하고 바이트는 가공물에 따라 좌우로 이동하는 작용을 한다.

**8** ⑤

강과 탄소량과의 관계

• 강의 탄소함유량이 많아지면 경도는 증가한다.
• 강의 탄소함유량이 많아지면 연신율이 감소한다.
• 강의 탄소함유량이 많을수록 용접이 어려워진다.
• 탄소강은 탄소를 0.03%~2.0% 함유한 주철이다.
• 강은 순철보다는 탄소함량이 많으나 주철보다는 적다.

**9** ④

구리의 열간가공에 적당한 온도는 750 ~ 850도이다.

**10** ④

열경화성수지의 종류 ⋯ 페놀수지, 요소수지, 멜라민수지, 폴리에스테르수지, 에폭시수지, 실리콘수지, 프란수지

**11** ②

강도, 경도의 크기 ⋯ 마텐자이트 – 트루스타이트 – 소르바이트 – 펄라이트 – 오스테나이트

※ 열처리 조직변화순서 ⋯ 오스테나이트 – 마텐자이트 – 트루스타이트 – 소르바이트 – 펄라이트

**12** ⑤

슬라이딩 베어링의 특징

• 추력하중을 받기가 어렵다.
• 충격흡수능력이 크다.
• 고속회전능력에 유리하다.
• 소음이 작다.
• 마찰계수가 크다.

**13** ④

유니버설 조인트의 최대 사용각은 30도이다.

**14** ④

웜과 웜기어 ⋯ 두 축이 평행하지도 교차하지도 않으며, 큰 감속비를 얻으려는 곳에 사용한다.

**15** ④

나비형 밸브는 조름밸브라고도 하며 평면밸브의 흐름과 직각인 방향으로 회전시켜 유량을 조절한다.

**16** ②

동일 펌프의 연결

㉠ 병렬 연결시 : 양정 동일, 유량 증가

㉡ 직렬 연결시 : 양정 증가, 유량 동일

**17** ①

용해로의 종류

㉠ 큐폴라 : 일반주철을 용해할 때 사용하며 연료는 코크스를 사용한다. 용량은 시간당 용해할 수 있는 쇳물의 중량(ton)으로 나타낸다.

㉡ 도가니로 : 구리, 구리합금을 용해할 때 사용하며 연료는 코크스, 중유 및 가스를 사용한다. 용량은 1회 용해할 수 있는 구리의 중량(kg)으로 나타낸다.

㉢ 반사로 : 구리합금 및 주철을 용해할 때 사용하며 용량은 1회 용해량(kg)으로 나타낸다.

㉣ 전기로 : 주철, 주강, 동합금을 용해할 때 사용하며 용량은 1회 용해량(ton)으로 나타낸다.

ⓜ **전로** : 주강을 용해할 때 사용하며 용량은 1회 제강량(ton)을 나타낸다.

ⓗ **평로** : 1회 다량의 제강에 사용한다.

**18** ③

인베스트먼트 주조법 … 얻고자 하는 주물과 동일한 형상의 모형을 왁스나 합성수지 등 용융점이 낮은 재료로 만들어 주형제에 매몰하여 다진 다음 가열하여 주형을 경화시킴과 동시에 모형을 용출시키는 주형 제작법을 말한다.

**19** ②

형단조 … 스탬핑이라고도 하며, 요철이 있는 위·아래의 형 사이에 소재를 끼우고, 충격으로 압력을 가해 소재의 평면에 요철을 만드는 가공방법이다. 단조형속에 소재를 넣고 가압하여 복잡한 모양의 제품을 성형한다. 경화나 메달의 가공, 소형기계·전기부품, 특수강으로 만들어지는 기관용 크랭크축의 제작 등에 사용한다.

※ 형단조의 특징

ㄱ 강도 및 내열성, 내마모성이 크다.

ㄴ 가공비용이 저렴하다.

ㄷ 제품의 수명이 길다.

ㄹ 금형제작비용이 고가이다.

ㅁ 공정 후 폐기물이 발생한다.

ㅂ 대량생산이 가능하다.

ㅅ 정밀한 제품의 생산이 가능하다.

**20** ①

① 드릴링은 절삭가공에 속한다.

**21** ①

압연 … 회전하는 두 개의 롤(roll) 사이를 통과시켜 강판, 형재를 만드는 가공방법이다.

**22** ③

전조가공 … 다이 또는 롤러를 사용하여 외력을 가해 눌러 붙여 성형하는 가공법이다.

**23** ①

① 산화철과 알루미늄 분말을 3 : 1의 비율로 혼합한 후 점화하면 화학반응이 전개되어 발생하는 3,000℃의 고온을 이용한 용접방법이다.

② 자동 아크용접의 종류로 용접이음표면에 입사의 용재를 공급판을 통하여 공급시키고 그 속에 연속된 와이어로 된 전기 용접봉을 넣어 용접봉 끝과 모재 사이에 아크를 발생시켜 용접하는 방법이다.

③ 고도로 전리된 가스체의 아크를 이용한 용접방법으로 이행형의 형태에 따라 플라즈마 아크 및 플라즈마 제트로 구분한다.

④ 냉간용접의 종류로 20KHz 정도의 초음파에 의해 발생된 고주파 진동에너지에 의해 가압된 모재 사이에 존재하는 이물질이 제거되고, 모재 사이의 틈새가 원자간 거리로 좁혀지면서 용접을 하는 방법이다.

⑤ 용접할 물체에 전류를 통하여 접촉부에 발생되는 전기의 저항열로 모재를 용융상태로 만들어 외력을 가하여 접합하는 용접방법이다.

**24** ①

용접작업 중 역화를 일으키거나 저압식 토치가 막혀 산소가 아세틸렌 쪽으로 역류하는 경우 이 역류작용이 발생기까지 확산되면 폭발의 위험성이 있으므로 토치와 발생기 사이에 안전밸브 등의 안전기를 설치하여 위험을 방지하여야 한다.

**25** ④

용접 후 잔류응력을 없애기 위해서는 풀림처리를 해야 한다.

**26** ④

선반의 크기는 가공할 수 있는 가공물의 최대 지름과 관계가 있는 베드의 길이와 베드에서 센터까지의 높이 또는 베드의 길이와 스윙으로 나타낸다. 스윙은 베드에서 센터까지 높이의 2배이며, 베드 길이는 주축대가 놓인 부분의 길이를 포함한다.

※ 선반의 크기를 나타내는 방법
　　㉠ 베드 위의 스윙
　　㉡ 양 센터간의 최대거리
　　㉢ 왕복대 위의 스윙
　　㉣ 베드의 길이

**27** ③

두 줄의 비틀림홈드릴의 날끝각의 표준각은 118°이다.

**28** ④

플레인 커터 ⋯ 밀링커터의 축과 평행한 평면절삭을 말한다.

**29** ④

칩의 유형
㉠ **유동형칩** : 칩이 바이트의 경사면을 따라 연속적으로 유동하는 모양으로 가장 안정적인 칩의 형태이다.
㉡ **전단형칩** : 칩이 연속적으로 발생되지만 가로방향의 일정한 간격으로 전단이 발생하는 칩의 형태로, 유동형에 비해 미끄러지는 간격이 다소 크다.
㉢ **균열형칩** : 취성재료를 저속으로 절삭할 때 공구의 날끝 앞의 면에 균열이 일어나서 작은 조각형태로 불연속적으로 발생하는 칩의 형태이다.
㉣ **열단형칩** : 가공물이 경사면에 접착되어 날 끝에서 아래쪽으로 경사지게 균열이 일어나면서 발생하는 칩의 형태이다.

**30** ①

모방선반 ⋯ 가공물과 치수가 같은 모형을 제작하고, 공구대가 자동으로 이 모형의 윤곽을 따라 절삭하는 선반을 말한다.

**31** ③

절삭속도 ⋯ $V = \dfrac{\pi d N}{1,000}$ (m/min)

**32** ③

센터리스연삭기 ⋯ 공작물을 센터나 척에 고정시킬 필요 없이 원통의 내면과 외면의 연삭이 가능한 연삭기이다.

**33** ①

각도를 측정하는 측정기에는 오토 콜리미터, 각도 게이지, 직각자, 사이버, 테이퍼 게이지 등이 있다.

**34** ⑤

공차 ⋯ 최대허용치수와 최소허용치수의 차이를 말한다.

**35** ③

③ 각도 측정기이다.

**36** ③

③ 크리프 시험법은 파괴시험에 해당한다.

**37** ③

① 강의 표면에 크롬(Cr)을 확산, 침투시키는 처리방법이다.
② 강의 표면에 아연(Zn)을 확산, 침투시키는 처리방법이다.
④ 강의 표면에 구리(Cu)를 확산, 침투시키는 처리방법이다.
⑤ 강의 표면에 니켈(Ni)를 확산, 침투시키는 처리방법이다.

**38** ①

**초경합금공구** … 탄화 텅스텐 분말과 코발트 분말을 섞어서 성형한 후 고온에서 가열하여 만든 소결합금으로 강은 아니며 고온경도, 내마멸성, 내열성이 좋고 취성이 크다.


**39** ④

고탄소강은 경도가 높아 쇠톱날, 줄 등을 만드는 데 이용되는 철재료이다.


**40** ③

강의 열처리

㉠ **노멀라이징(불림)** : 강을 $A_3$ 또는 $A_{cm}$ 점보다 30 ~ 50℃ 정도 높은 온도로 가열하여 균일한 오스테나이트 조직으로 만든 다음 대기 중에서 냉각하는 열처리 방법으로 결정립을 미세화시켜서 어느 정도의 강도증가를 꾀하고, 주조품이나 단조품에 존재하는 편석을 제거시켜서 균일한 조직을 만들기 위한 것이 목적이다.

㉡ **어닐링(풀림)** : 기본적으로 경화를 목적으로 행하는 열처리로서, 일반적으로 적당한 온도까지 가열한 다음 그 온도를 유지한 후 서냉하는 하는 방법으로, 경화된 재료를 연화시키기 위한 것이 목적이다.

㉢ **퀜칭(담금질)** : 강을 $A_3$ 또는 $A_1$점 보다 30 ~ 50℃ 정도 높은 온도로 가열한 후 기름이나 물에 급냉시키는 방법으로, 강을 가장 연한 상태에서 가장 강한 상태로 급격하게 변화시킴으로서 강도와 경도를 증가시키기 위한 것이 목적이다.

㉣ **템퍼링(뜨임)** : 담금질한 강을 $A_1$점 이하의 온도에서 재가열한 후 냉각시키는 방법으로 담금질한 강의 인성을 증가시키기 위한 것이 목적이다.

# 제3회 정답 및 해설

✎ **직업기초능력평가(40문항)**

**1  ③**

③ 고객이 큰 소리로 불만을 늘어놓게 되면 다른 고객에게도 영향을 미치게 되므로 별도 공간으로 안내하여 편안하게 이야기를 주고받는 것이 좋으며, 시끄러운 곳에서 응대하는 것은 오히려 고객의 불만을 자극하여 상황을 더 악화시킬 우려가 있다.

①② 불만이 심한 고객은 합리적인 대화가 매우 어려운 상황이 대부분이다. 따라서 민원 담당자의 힘으로 해결될 기미가 보이지 않을 때에는 응대자를 바꾸어 보는 것이 좋은 방법이 된다. 또한, 더 책임 있고 권한을 가진 윗사람을 내세워 다시금 처음부터 들어보고 정중하게 사과하도록 한다면 의외로 불만 고객의 마음을 가라앉힐 수 있다.

④⑤ 차를 대접하여 시간적 여유를 갖게 되면, 감정을 이성적으로 바꿀 수 있는 기회가 되어 시간도 벌고 고객의 불만을 가라앉혀 해결책을 강구할 수 있는 여유도 가질 수 있게 된다.

**2  ③**

③ 영희가 장갑을 이미 낀 상태인지, 장갑을 끼는 동작을 진행 중인지 의미가 확실치 않은 동사의 상적 속성에 의한 중의성의 사례가 된다.

① 수식어에 의한 중의성의 사례로, 길동이가 나이가 많은 것인지, 길동이와 을순이 모두가 나이가 많은 것인지가 확실치 않은 중의성을 포함하고 있다.

② 접속어에 의한 중의성의 사례로, '그 녀석'이 나와 함께 가서 아버지를 만난 건지, 나와 아버지를 각각 만난 건지, 나와 아버지 둘을 같이 만난 건지가 확실치 않은 중의성을 포함하고 있다.

④ 명사구 사이 동사에 의한 중의성의 사례로, 그녀가 친구들을 보고 싶어 하는 것인지 친구들이 그녀를 보고 싶어 하는 것인지가 확실치 않은 중의성을 포함하고 있다.

⑤ 수식어에 의한 중의성의 사례로, '아끼던'의 수식을 받는 말이 그녀인지 선물인지가 확실치 않은 중의성을 포함하고 있다.

**3  ④**

마지막 문장에서 '일은 ~ 물질적으로는 물론 정신적으로도 풍요로운 생활을 위한 도구'라고 언급하고 있다. 따라서 물질적인 것보다 정신적 풍요를 위한 도구라고 볼 수는 없다.

**4  ③**

③ '역학조사'는 '감염병 등의 질병이 발생했을 때, 통계적 검정을 통해 질병의 발생 원인과 특성 등을 찾아내는 것'을 일컫는 말로, 한자로는 '疫學調査'로 쓴다.

① '다중'은 '多衆'으로 쓰며, '삼중 구조'의 '중'은 '重'으로 쓴다.

② '출연'과 '연극'의 '연'은 모두 '演'으로 쓴다.

④ '일 따위가 더디게 진행되거나 늦어짐'의 뜻을 가진 '지연'은 '遲延'으로 쓴다.

⑤ '접촉'은 '接觸'으로 쓰며, '재촉'의 어원은 '최촉(催促)'으로 서로 다른 한자를 쓴다.

**5  ④**

'개최'는 모임이나 회의 따위를 주최하여 엶을 의미한다. 문맥상 품평회는 모임이나 회의 등에 해당하므로 '개최'가 가장 적절하다.

① **접수** : 신청서나 신고 따위를 일정한 형식 요건 아래 받음.

② **토론** : 어떤 문제에 대하여 여러 사람이 각자의 의견을 내세워 그것의 정당함을 논함.

③ **발표** : 일의 결과나 어떠한 사실 등을 세상에 널리 드러내어 알림.

⑤ **폐쇄** : 없어지거나 그 기능이 정지됨.

**6** ③

ⓒ '그러기에'의 바로 앞 문장인 '문화 전쟁의 무기는 ~ 때문이다.'는 '독서율이 낮으면 문화 전쟁 시대를 이겨낼 수 없는'의 이유가 되며, 뒤에 이어지는 문장 '책을 읽지 않는 국민에게는 미래가 없다.'는 결과가 된다. 이유와 결과를 연결하여 주는 접속어로 '그러나'를 사용하는 것은 적절치 않고, '그러기에'를 그냥 두거나 '그러므로', '따라서' 등으로 고치는 것이 옳다.

**7** ④

수취확인 문의전화는 언어적 의사소통에 해당한다. 문서적 의사소통에는 거래처에서 보내온 수취확인서, 박 대리에게 메모한 업무지시, 영문 운송장 작성, 주간업무보고서 작성 등이 해당된다.

**8** ④

B전자는 세계 스마트폰 시장 1등이며, 최근 중저가폰의 판매량이 40%로 나타났지만 B전자의 주력으로 판매하는 폰이 저가폰인지는 알 수 없다.

**9** ③

B가 성능이 떨어지는 제품이므로, 다음과 같은 네 가지 경우가 가능하다.

ⓐ A > B ≥ C
ⓑ A > C ≥ B
ⓒ C > A ≥ B
ⓓ C > B ≥ A

성능이 가장 좋은 제품은 성능이 떨어지는 두 종류의 제품 가격의 합보다 높으므로, 가격이 같을 수가 없지만, 성능이 떨어지는 두 종류의 제품 가격은 서로 같을 수 있다.
① ⓓ의 경우 가능하다.
② ⓒ의 경우 가능하다.
④ ⓒ, ⓓ의 경우 가능하다.
⑤ ⓐ, ⓑ의 경우 가능하다.

**10** ④

ⓐ 선박을 보면 A국 전체 수출액에서 차지하는 비중은 5.0 → 4.0 → 3.0 으로 매년 줄어드는 데 세계수출시장에서 A국의 점유율은 매번 1.0으로 동일하다. 이는 세계수출시장 규모가 A국 선박비중의 감소율만큼 매년 감소한다는 것을 나타낸다.
ⓑ 백색가전의 세부 품목별 수출액 비중에서 드럼세탁기의 비중은 매년 18.0으로 동일하나, 전체 수출액에서 차지하는 백색가전의 비중은 13.0 → 12.0 → 11.0로 점점 감소한다.
ⓒ 점유율이 전년대비 매년 증가하지 않고 변화가 없거나 감소하는 품목도 있다.
ⓓ A국의 전체 수출액을 100으로 보면 항공기의 경우 2018년에는 3이다. 3이 세계수출시장에서 차지하는 비중은 0.1%이므로 A국 항공기 수출액의 1,000배라 볼 수 있다. 항공기 세계수출시장의 규모는 $3 \times 1,000 = 3,000$이므로 A국 전체 수출액의 30배가 된다.

**11** ④

① 시청에 근무하는 4급 공무원의 경우 지방직 공무원으로 재산등록 의무자이나 동생은 친족의 범위에 해당하지 않는다.
② 시장은 지방자치단체장으로서 정무직 공무원에 해당하나 본인의 직계비속 중 혼인한 여성의 경우 등록대상 친족의 범위에 포함되지 않으므로 등록대상이 아니다.
③ 도지사 또한 시장과 마찬가지로 정무직 공무원이다. 지식재산권의 경우 소유자별 연간 1천만 원 이상의 소득이 있어야 하므로 등록대상이 아니다.
④ 정부부처 4급 공무원 상당의 보수를 받는 별정직 공무원의 아들이 소유한 승용차는 제한 없이 등록대상이 된다.
⑤ 이혼한 전처는 배우자에 해당되지 않으므로 등록대상이 아니다.

**12**  ③

제시된 내용을 표로 정리하면

| 구분 | 경기장 개수 | 최대 수용인원 | 좌석 점유율 | 경기당 관중수 |
|---|---|---|---|---|
| 대도시 | 5 | 3만 명 | 60% | 1.8만 명 |
| 중소도시 | 5 | 2만 명 | 70% | 1.4만 명 |

① 16만 명은 10개 경기장에서 모두 경기가 열리는 경우의 관중수이다. 매일 5개 경기장에서 각각 한 경기가 열린다고 하였으므로, 1일 최대 관중수는 대도시 경기장 5개에서 모두 경기가 열리는 경우의 9만 명이다.

② 중소도시 경기장의 좌석 점유율이 10% 높아지더라도 경기당 관중수는 1.6만 명 밖에 되지 않으므로 여전히 대도시 경기장 한 곳의 관중수보다는 적다.

③ 경기가 열리는 경기장에서는 하루에 한 경기만 열리며, 각 경기장에서 열리는 경기 횟수는 모두 동일하므로 한 시즌 전체 누적 관중수는 각 경기장의 경기당 관중수 합계에 비례하는 관계가 성립한다. 올해 시즌의 경우 각 경기장의 경기당 관중수 합계는 16만 명[$5 \times (1.8 + 1.4)$]이다. 내년 시즌부터 4개의 대도시와 6개의 중소도시에서 경기가 열린다는 것은 올해와 비교했을 때 대도시 경기장 중 하나가 중소도시 경기장으로 바뀌는 것돠 같으므로 관중수 합계는 0.4만 명이 줄어든다. 감소율은 $2.5\%\left(\frac{0.4}{16} \times 100\right)$가 된다.

④ 대도시 경기장의 좌석 점유율이 중소도시 경기장과 같은 70%이고, 최대수용인원은 그대로라면, 대도시 경기장의 경기당 관중수는 2.1만 명이 된다. 따라서 이 경우 ○○리그의 1일 평균 관중수는 최대 10.5만 명이 되므로 11만 명을 초과할 수 없다.

⑤ 중소도시 경기장의 최대수용인원이 대도시 경기장과 같은 3만 명이고 좌석 점유율이 그대로라면, 중소도시 경기장이 경기당 관중수는 2.1만 명이 된다. ○○리그의 1일 평균 관중수는 역시 11만 명을 초과할 수 없다.

**13**  ①

임 사원을 제외한 모두가 2년에 1일 씩 연차가 추가되므로 각 직원의 연차발생일과 남은 연차일, 통상임금, 연차수당은 다음과 같다.

김 부장 : 25일, 6일, $500 \div 200 \times 8 = 20$만 원,
$6 \times 20 = 120$만 원

정 차장 : 22일, 15일, $420 \div 200 \times 8 = 16$만 원,
$15 \times 16 = 240$만 원

곽 과장 : 18일, 4일, $350 \div 200 \times 8 = 14$만 원,
$4 \times 14 = 56$만 원

남 대리 : 16일, 11일, $300 \div 200 \times 8 = 12$만 원,
$11 \times 12 = 132$만 원

임 사원 : 15일, 12일, $270 \div 200 \times 8 = 10$만 원,
$12 \times 10 = 120$만 원

따라서 김 부장과 임 사원의 연차수당 지급액이 동일하다.

**14**  ⑤

보기의 명제를 대우 명제로 바꾸어 정리하면 다음과 같다.

a. ~인사팀 → 생산팀(~생산팀 → 인사팀)

b. ~기술팀 → 홍보팀(홍보팀 → 기술팀)

c. 인사팀 → ~비서실(비서실 → ~인사팀)

d. ~비서실 → 홍보팀(~홍보팀 → 비서실)

이를 정리하면 '~생산팀 → 인사팀 → ~비서실 → 홍보팀 → 기술팀'이 성립하고 이것의 대우 명제인 '~기술팀 → ~홍보팀 → 비서실 → ~인사팀 → 생산팀'도 성립하게 된다. 따라서 이에 맞는 결론은 보기 ⑤의 '생산팀을 좋아하지 않는 사람은 기술팀을 좋아한다.' 뿐이다.

**15**  ⑤

다섯 사람 중 A와 B가 동시에 가장 먼저 작업을 하러 나가게 되었으며, C와 D는 A와 B보다 늦게 작업을 하러 나가게 되었음을 알 수 있다. 따라서 다섯 사람의 순서는 E의 순서를 변수로 다음과 같이 정리될 수 있다.

㉠ E가 두 번째로 작업을 하러 나가게 되는 경우

| 첫 번째 | 두 번째 | 세 번째 | 네 번째 |
|---|---|---|---|
| A, B | E | C 또는 D | C 또는 D |

㉡ E가 세 번째로 작업을 하러 나가게 되는 경우

| 첫 번째 | 두 번째 | 세 번째 | 네 번째 |
|---|---|---|---|
| A, B | C 또는 D | E | C 또는 D |

따라서 E가 C보다 먼저 작업을 하러 나가게 될 수 있으므로 ⑤와 같은 주장은 옳지 않다.

**16** ③

조건대로 고정된 순서를 정리하면 다음과 같다.

- B 차장→A 부장
- C 과장→D 대리
- E 대리→?→?→C 과장

따라서 E 대리→?→?→C 과장→D 대리의 순서가 성립되며, 이 상태에서 경우의 수를 따져보면 다음과 같다.

㉠ B 차장이 첫 번째인 경우라면, 세 번째와 네 번째는 A 부장과 F 사원(또는 F 사원과 A 부장)가 된다.

㉡ B 차장이 세 번째인 경우는 E 대리의 바로 다음인 경우와 C 과장의 바로 앞인 두 가지의 경우가 있을 수 있다.

- E 대리의 바로 다음인 경우 : A 부장 – E 대리 – B 차장 – F 사원 – C 과장 – D 대리의 순이 된다.
- C 과장의 바로 앞인 경우: E 대리 – F 사원 – B 차장 – C 과장 – D 대리 – A 부장의 순이 된다.

따라서 위에서 정리된 바와 같이 가능한 세 가지의 경우에서 두 번째로 사회봉사활동을 갈 수 있는 사람은 E 대리와 F 사원 밖에 없다.

**17** ②

위의 사례에서 불만고객에 대한 대처가 늦어지고 그로 인해 항의가 잇따르고 있는 이유는 사소한 일조차 상부에 보고해 그 지시를 기다렸다가 해결하는 업무 체계에 있다. 따라서 오부장은 어느 정도의 권한과 책임을 매장 직원들에게 위임하여 그들이 현장에서 바로 문제를 해결할 수 있도록 도와주어야 한다.

**18** ④

M과 K 사이의 갈등이 있음을 발견하게 되었으므로 즉각적으로 개입하여 중재를 하고 이를 해결하는 것이 리더의 대처방법이다.

**19** ④

팀장인 K씨는 U씨에게 팀의 생산성에 영향을 미치는 내용을 상세히 설명하고 이 문제와 관련하여 해결책을 스스로 강구하도록 격려하여야 한다.

**20** ③

인간관계에서 신뢰를 구축하는 방법(감정은행계좌를 정립하기 위한 예입 수단)

㉠ 상대방에 대한 이해와 양보
㉡ 사소한 일에 대한 관심
㉢ 약속의 이행
㉣ 칭찬하고 감사하는 마음
㉤ 언행일치
㉥ 진지한 사과

**21** ④

④ 구성원으로 하여금 집단에 머물도록 만들고, 그 집단에 계속 남아 있기를 원하게 만드는 힘은 응집력이다.

**22** ③

갈등해결방법의 유형

㉠ **회피형** : 자신과 상대방에 대한 관심이 모두 낮은 경우(나도 지고 너도 지는 방법)
㉡ **경쟁형** : 자신에 대한 관심은 높고 상대방에 대한 관심은 낮은 경우(나는 이기고 너는 지는 방법)
㉢ **수용형** : 자신에 대한 관심은 낮고 상대방에 대한 관심은 높은 경우(나는 지고 너는 이기는 방법)
㉣ **타협형** : 자신에 대한 관심과 상대방에 대한 관심이 중간정도인 경우(타협적으로 주고받는 방법)
㉤ **통합형** : 자신은 물론 상대방에 대한 관심이 모두 높은 경우(나도 이기고 너도 이기는 방법)

**23** ②

② 협상 상대가 협상에 대하여 책임을 질 수 있고 타결권한을 가지고 있는 사람인지 확인하고 협상을 시작해야 한다. 최고책임자는 협상의 세부사항을 잘 모르기 때문에 협상의 올바른 상대가 아니다.

**24** ④

①②③ 전형적인 독재자 유형의 특징이다.

※ 파트너십 유형의 특징

    ㉠ 평등

    ㉡ 집단의 비전

    ㉢ 책임 공유


**25** ②

충전 버튼은 클린킹을 충전대로 이동시킬 때 사용하는 버튼으로 본체와 리모컨에서 모두 동일한 기능을 하는 것으로 설명되어 있다.

① 예약버튼은 청소 시간을 설정하는 것이 아니고, 청소 시작 시간을 설정해 두는 기능이다.

③ 스마트 진단 기능을 정지하려면 리모컨의 '정지' 버튼을 눌러 스마트 진단을 취소할 수 있다.

④ 원하는 방향으로 클린킹을 이동시키며 청소하고자 할 때는 리모컨의 방향 버튼을 사용하면 된다.

⑤ 전원 버튼은 따로 없으며, 본체의 시작/정지 버튼이 전원을 켜고 끌 때 사용된다고 설명되어 있다.


**26** ⑤

클린킹의 전원을 리모컨으로 켜는 것은 불가능하다고 설명되어 있으므로 무턱대고 리모컨의 배터리를 교체하는 것은 적절한 사용 방법이 아니다.

① 집중 청소, 청소 예약, 지그재그 청소, 꼼꼼 청소 등은 클린킹을 정지시킨 후 실행하라고 설명되어 있으므로 적절한 사용 방법이다.

② 청소를 예약한 경우 정지 버튼을 누르면 예약이 취소된다.

③ 청소를 정지할 때와 전원을 끌 때 모두 정지 버튼이 사용되며 전원을 끌 때는 정지 버튼을 2초간 길게 누르게 된다.

④ 먼지통이 없거나 충전대에 클린킹이 붙어있지 않은 경우 예약 청소가 제한되거나 청소 시간이 줄어들 수 있으므로 적절한 확인 조치이다.


**27** ⑤

자동차 산업에는 정보기술과 인지과학의 융합이 주요 분야로 개발될 수 있다. 친환경 하이브리드 자동차는

연료 체계와 전력 계통 기술 발달의 결과로 볼 수 있으며 언급된 4대 핵심기술 융합의 결과로 보기에는 적절하지 않다.


**28** ①

1단계

| 9 | 3 | 8 | 1 | 5 | 9 | 3 | 3 | 4 | 7 | 1 | 2 |
|---|---|---|---|---|---|---|---|---|---|---|---|
| ×1 | ×3 | ×1 | ×3 | ×1 | ×3 | ×1 | ×3 | ×1 | ×3 | ×1 | ×3 |
| =9 | =9 | =8 | =3 | =5 | =27 | =3 | =9 | =4 | =21 | =1 | =6 |

2단계

9+9+8+3+5+27+3+9+4+21+1+6=105

3단계

105÷10=10 나머지 5

4단계

10-5=5

따라서 체크기호는 5가 된다.


**29** ④

나머지 보기의 이상 현상을 해결하기 위해서는 화면 크기 조정법(㉠), 외부 기기 해상도 조정법(㉡), 외부 기기 자막 활성화 방법(㉢), 사용모드 조작법(㉤) 등을 확인하여야 하나, ㉣의 경우는 별도의 사용법을 참고할 필요가 없는 이상 현상이다.


**30** ④

편의점에서 스캐닝을 통하여 판매되는 음료수는 바코드 인식 기술이 적용된 사례이다.

RFID는 무선 주파수(RF, Radio Frequency)를 이용하여 물건이나 사람 등과 같은 대상을 식별(IDentification)할 수 있도록 해 주는 기술을 말한다. RFID는 안테나와 칩으로 구성된 RFID 태그에 정보를 저장하여 적용 대상에 부착한 후, RFID 리더를 통하여 정보를 인식하는 방법으로 활용된다. RFID는 기존의 바코드를 읽는 것과 비슷한 방식으로 이용된다. 그러나 바코드와는 달리 물체에 직접 접촉을 하거나 어떤 조준선을 사용하지 않고도 데이터를 인식할 수 있다. 또한, 여러 개의 정보를 동시에 인식하거나 수정할 수도 있으며, 태그와 리더 사이에 장애물이 있어도 정보를 인식하는 것이 가능하다.

**31 ⑤**

실외기 설치 시 주의사항에서는 실외기에서 토출되는 바람, 공기 순환, 보수 점검을 위한 공간, 지반의 강도, 배관의 길이 등을 감안한 위치 선정을 언급하고 있다. 따라서 보기 ⑤의 '배관 내 충진된 냉매를 고려한 배관 길이'가 실외기 설치 장소의 주요 감안 요건이 된다.

**32 ②**

보행자에게 토출구에서 나오는 바람이 닿지 않도록 하는 것은 설치 시 주의해야 할 사항이나, 토출구를 안쪽으로 돌려 설치하는 것은 뜨거운 공기가 내부로 유입될 수 있어 올바른 설치 방법으로 볼 수 없다.

**33 ①**

정직이 신뢰를 형성하는 충분한 조건은 아니다. 신뢰를 얻기 위해서는 정직 이외에도 약속을 잘 지키거나 필요능력을 갖춰야 하는 등의 다른 필요사항도 있어야 하겠지만 정직이 신뢰를 위해서는 빠질 수 없는 요소인 것만은 틀림없다. 정직은 사람과 사람이 협력하는데 필요한 가장 기본적인 규범이기 때문에 "거짓말 하는 사람은 정상적인 대우를 하지 않는다."라는 사회적 인식과 믿음을 굳혀야 한다.

또한, 조직의 리더가 조직 구성원에게 원하는 첫째 요건이 바로 성실성이라고 한다. 즉, 성실은 조직생활에서 가장 큰 무기가 될 수 있는 것이다.

**34 ②**

전화걸기

• 전화를 걸기 전에 먼저 준비를 한다. 정보를 얻기 위해 전화를 하는 경우라면 얻고자 하는 내용을 미리 메모하도록 한다.

• 전화를 건 이유를 숙지하고 이와 관련하여 대화를 나눌 수 있도록 준비한다.

• 전화는 정상적인 업무가 이루어지고 있는 근무 시간에 걸도록 한다.

• 당신이 통화를 원하는 상대와 통화할 수 없을 경우에 대비하여 비서나 다른 사람에게 메시지를 남길 수 있도록 준비한다.

• 전화는 직접 걸도록 한다.

• 전화를 해달라는 메시지를 받았다면 가능한 한 48시간 안에 답해주도록 한다.

**35 ②**

소매가 넓은 예복을 입었을 시에는 공수한 팔의 소매 자락이 수평이 되게 올리고 평상복을 입었을 때는 공수한 손의 엄지가 배꼽 부위 위에 닿도록 자연스럽게 앞으로 내린다.

**36 ④**

**성예절을 지키기 위한 자세** … 직장에서 여성의 특징을 살린 한정된 업무를 담당하던 과거와는 달리 여성과 남성이 대등한 동반자 관계로 동등한 역할과 능력발휘를 한다는 인식을 가질 필요가 있다.

㉠ 직장 내에서 여성이 남성과 동등한 지위를 보장받기 위해서 그만한 책임과 역할을 다해야 하며, 조직은 그에 상응하는 여건을 조성해야 한다.

㉡ 성희롱 문제를 사전에 예방하고 효과적으로 처리하는 방안이 필요한 것이다.

㉢ 남성 위주의 가부장적 문화와 성역할에 대한 과거의 잘못된 인식을 타파하고 남녀공존의 직장문화를 정착하는 노력이 필요하다.

**37 ③**

① **소명의식** : 자신이 맡은 일은 하늘에 의해 맡겨진 일이라고 생각하는 태도

② **직분의식** : 자신이 하고 있는 일이 사회나 기업을 위해 중요한 역할을 하고 있다고 믿고 자신의 활동을 수행하는 태도

④ **봉사의식** : 직업활동을 통해 다른 사람과 공동체에 대해 봉사하는 정신을 갖추고 실천하는 태도

**38** ②

주어진 글은 봉사(서비스) 중에서도 '고객접점서비스'에 관한 설명이다. 고객접점서비스란 고객과 서비스 요원 사이의 15초 동안의 짧은 순간에서 이루어지는 서비스로서 이 순간은 진실의 순간(MOT: moment of truth) 또는 결정적 순간이다. 이 15초 동안에 고객접점에 있는 최일선 서비스 요원이 책임과 권한을 가지고 우리 회사를 선택한 것이 가장 좋은 선택이었다는 사실을 고객에게 입증시켜야 한다는 것이다. 따라서 고객이 서비스 상품을 구매하기 위해서는 입구에 들어올 때부터 나갈 때까지 여러 서비스요원과 몇 번의 짧은 순간을 경험하게 되는데 그때마다 서비스요원은 모든 역량을 동원하여 고객을 만족시켜주어야 하는 것이다.

**39** ①

각자가 말한 직업관은 다음과 같은 의미로 해석할 수 있다.

• 소명의식 : 자신이 맡은 일은 하늘에 의해 맡겨진 일이라고 생각하는 태도
• 천직의식 : 자신의 일이 자신의 능력과 적성에 꼭 맞는다 여기고 그 일에 열성을 가지고 성실히 임하는 태도
• 직분의식 : 자신이 하고 있는 일이 사회나 기업을 위해 중요한 역할을 하고 있다고 믿고 자신의 활동을 수행하는 태도
• 전문가의식 : 자신의 일이 누구나 할 수 있는 것이 아니라 해당 분야의 지식과 교육을 밑바탕으로 성실히 수행해야만 가능한 것이라 믿고 수행하는 태도

**40** ③

직업윤리와 개인윤리가 충돌하는 상황이며, 이러한 경우 직업윤리를 우선시하는 것이 바람직하다. 선택지 ④의 경우는 책임감 있는 태도라고 볼 수 없으며, ⑤와 같은 행위 역시 맡은 바 업무를 직업정신에 의거하여 성실히 수행하는 태도라고 볼 수 없다.

✏️ **기계일반(40문항)**

**1** ⑤

안티몬과 혼합하면 소성과 전기전도도가 감소한다.

**2** ②

① 용접할 물체에 전류를 통하여 접촉부에 발생되는 전기 저항열로 모재를 용융상태로 만들어 외력을 가하여 접합하는 용접방법이다.
③ 20KHz 정도의 초음파에 의해 발생된 고주파 진동 에너지에 의해 가압된 모재 사이에 존재하는 이물질을 제거하고, 모재 사이의 틈새는 원자간 거리로 인하여 좁혀지는 용접방법이다.
④ 용접할 물체의 접합면에 압력을 가한 상태로 상대적인 회전을 시켜 마찰발열로 접합부가 고온에 도달하였을 때 상대회전속도를 0으로 하고 가압력을 증가시켜 용접하는 방법으로 마찰압접이라고도 한다.
⑤ 지름 10mm 이하의 강철 및 황동제의 스터드 볼트 등과 같은 짧은 봉과 모재 사이에 보조링을 끼우고 봉에 압력을 가하여 통전시키면 스터드와 모재 사이에 아크가 발생하여 1초 이내에 모재의 용접부분이 용융상태가 되고 보조링은 적열상태가 될 때 스터드에 가해진 압력으로 인하여 모재가 밀착되고 전류는 자동차단되면서 용접하는 방법이다.
※ 플라즈마용접 … 고도로 전리된 가스체의 아크를 이용한 용접방법으로 이행형과 비이행형으로 분류하여 플라즈마 아크와 플라즈마 제트로 구분한다. 용접에서는 열이 높은 플라즈마 아크를 주로 사용한다.

**3** ②

아크용접에서 사용하는 불활성가스는 헬륨, 아르곤이다.

**4** ②

$f = f_z \times z \times n$

$f$ : 테이블의 이송 속도(mm/mim)

$f_z$ : 밀링 커터날 1개의 이송(mm)

$z$ : 밀링 커터 날의 수

$n$ : 밀링 커터의 회전수(rpm)

**5** ②

**자동선반** … 선반의 작동을 자동화한 것으로 대량생산에 적합하다.

**6** ③

**콜릿척** … 지름이 작은 가공물의 고정에 사용된다.

**7** ③

**정면선반** … 가공물의 길이가 비교적 짧고 지름이 큰 가공물을 절삭하는 데 사용한다.

**8** ④

센터리스연삭기의 장점

㉠ 깊이 이송이 거의 연속적이므로 연삭속도가 매우 빠르다.

㉡ 자동으로 조절이 가능하기 때문에 작업자의 기술이 거의 필요하지 않다.

㉢ 공작물의 뒤틀림이 없어 정확한 치수를 얻을 수 있다.

㉣ 대형 연삭숫돌이 사용되어 숫돌의 마멸을 최소화할 수 있다.

㉤ 센터를 필요로 하지 않으므로 센터구멍이 필요 없어 중공의 원통을 연삭하는 데 편리하다.

㉥ 지름이 작은 공작물을 연속적으로 연삭할 수 있어 대량생산에 적합하다.

**9** ②

① 일반 주형을 용해할 때 사용하는 용해로의 종류이다.

③ 공작물을 테이블에 고정시키고 램의 선반에 위치한 공구대에 고정시킨 바이트를 수평 왕복시켜 평면을 가공하는 공작기계이다.

④ 정반 위에서 금을 긋거나 높이를 측정하는 데 사용하는 길이측정기이다.

⑤ 2개의 다리를 이용하여 제품의 치수를 재는 길이측정기이다.

**10** ④

**마이크로미터** … 나사의 원리를 이용한 길이 측정기로 나사가 1회전하면 축방향으로 1피치만큼 이동하는 원리를 이용하였다.

**11** ③

보통 주철은 주로 큐폴라에서 용해되며 가단주철, 합금주철, 구상흑연주철 등은 전기로에서 용해된다.

**12** ⑤

강의 5대 원소

㉠ **규소**(Si) : 강의 인장강도, 탄성한계, 경도 및 주조성을 좋게 하며, 연신율, 충격값, 전성, 가공성 등은 떨어진다.

㉡ **망간**(Mn) : 황과 화합하여 적열취성을 방지하며, 결정성장을 방지하고 강도, 경도, 인성 및 담금질 효과를 증가시킨다.

㉢ **인**(P) : 경도와 강도를 증가시키나 메짐과 가공시 균열의 원인이 된다.

㉣ **황**(S) : 인장강도, 연신율, 충격치, 유동성, 용접성 등을 저하시키며 적열취성의 원인이 된다.

㉤ **구리**(Cu) : 인장강도, 탄성한도, 내식성이 증가하나 압연시 균열의 원인이 된다.

**13** ②

**인바강** … 니켈(Ni) 36%, 탄소(C) 0.02% 이하, 망간(Mn) 0.4%가 주성분이며 줄자, 정밀기계부품, 시계추 등의 재료로 사용되는 길이의 불변강이다.

**14** ①

② 구리, 아연, 안티몬, 주석 등이 주성분인 합금으로 고온에서는 열전도율이 좋지 않으며 강도가 낮으나 취급이 용이하고 내부식성이 좋아 베어링에 사용한다.

③ 황동에 철이 첨가된 것으로 강인성, 내식성이 증가된다. 광산, 선박용, 화학기계 등에 사용한다.

④ 니켈에 크롬이 첨가된 것으로 열전대 재료에 사용한다.

⑤ 마그네슘에 알루미늄이 첨가된 것으로 주조성과 단조성이 좋다. 알루미늄의 양에 따라 경도, 연신율, 인장강도 등이 달라진다.

**15** ④

구리합금
㉠ 황동 : 구리(Cu) + 아연(Zn)
㉡ 청동 : 구리(Cu) + 주석(Sn)

**16** ②

다이캐스팅은 용융점이 낮은 금속을 대량으로 생산하는 특수주조법의 일종이다.
※ 다이캐스팅 … 기계가공하여 제작한 금형에 용융한 알루미늄, 아연, 주석, 마그네슘 등의 합금을 가압 주입하고 금형에 충진한 뒤 고압을 가하면서 냉각하고 응고시켜 제조하는 방법으로 주물을 얻는 주조법이다.
㉠ 융점이 낮은 금속을 대량으로 생산하는 특수주조법의 일종이다.
㉡ 분리선 주위로 소량의 플래시(flash)가 형성될 수 있다.
㉢ 표면이 아름답고 치수도 정확하므로 후가공 작업이 줄어든다.
㉣ 강도가 높고 치수정밀도가 높아 마무리 공정 수를 줄일 수 있으며 대량생산에 주로 적용된다.
㉤ 가압되므로 기공이 적고 치밀한 조직을 얻을 수 있으며 기포가 생길 염려가 없다.
㉥ 쇳물은 융점이 낮은 Al, Pb, Zn, Sn합금이 적당하나 주철은 곤란하다.
㉦ 제품의 형상에 따라 금형의 크기와 구조에 한계가 있으며 금형 제작비가 비싸다.
㉧ 축, 나사 등을 이용한 인서트 성형이 가능하다.
㉨ 고온챔버 공정과 저온챔버 공정으로 구분된다.

**17** ②

인베스트먼트 주조법은 타 주조법에 비해서 생산비가 높은 편인지라 경제적이라고 보기에는 무리가 있다.

※ 인베스트먼트 주조 … 제품과 동일한 형상의 모형을 왁스나 합성수지와 같이 용융점이 낮은 재료로 만들어 그 주위를 내화성재료로 피복한 상태로 매몰한 다음 이를 가열하면 주형은 경화가 되고 내부의 모형은 용해된 상태로 유출이 되도록 하여 주형을 만드는 방법이다. 치수정밀도가 우수하여 정밀주조법으로 분류된다.
㉠ 복잡하고 세밀한 제품을 주조할 수 있다.
㉡ 주물의 표면이 깨끗하며 치수정밀도가 높다.
㉢ 기계가공이 곤란한 경질합금, 밀링커터 및 가스 터빈 블레이드 등을 제작할 때 사용한다.
㉣ 모든 재질에 적용할 수 있고, 특수합금에 적합하다.
㉤ 패턴(주형)은 파라핀, 왁스와 같이 열을 가하면 녹는 재료로 만든다.
㉥ 패턴(주형)은 내열재로 코팅을 해야 한다.
㉦ 사형주조법에 비해 인건비가 많이 든다.
㉧ 생산성이 낮으며 제조원가가 다른 주조법에 비해 비싸다.
㉨ 대형주물에서는 사용이 어렵다.

**18** ⑤

응력집중현상 완화법
㉠ 단면의 변화가 완만하게 변화하도록 테이퍼 지게 한다.
㉡ 몇 개의 단면 변화부를 순차적으로 설치한다.
㉢ 표면 거칠기를 정밀하게 한다.
㉣ 단이 진 부분의 곡률반지름을 크게 한다.
㉤ 응력집중부에 보강재를 결합한다.

**19** ②

소재에 구멍을 파는 가공법은 드릴링이다.
• 밀링(milling) : 밀링 머신에 달린 밀링 커터를 회전시키면서 공작물을 절삭하는 가공법이다.
• 브로칭(broaching) : 브로치(각종 브로치를 사용하여 공작물의 표면 또는 구멍의 내면에 여러 가지 형태의 절삭가공을 실시하는 공작기계)라고 하는 특수한 공구를 사용하는 가공이다.
• 셰이핑(shaping) : 절삭공구가 공작물에 대해 왕복운동하며 공작물의 수평방향의 이송을 주어서 평면을 절삭하는 가공이다.

- 리밍(reaming) : 드릴을 사용하여 뚫은 구멍의 내면을 리머로 다듬는 작업이다.

**20** ②

냉간가공의 특징

- 가공경화로 인해 강도가 증가하고 연신율이 감소한다.
- 큰 변형응력을 요구한다.
- 제품의 치수를 정확히 할 수 있다.
- 가공 면이 아름답다.
- 가공방향으로 섬유조직이 되어 방향에 따라 강도가 달라진다.

**21** ④

묻힘 키(sunk key) … 벨트풀리 등의 보스(축에 고정시키기 위해 두껍게 된 부분)와 축에 모두 홈을 파서 때려 박는 키이다. 가장 일반적으로 사용되는 것으로, 상당히 큰 힘을 전달할 수 있다.

※ 키의 종류

ㄱ 스플라인 키(spline key) : 축의 둘레에 여러 개의 키 홈을 깎아서 만든 것으로서 큰 동력을 전달할 수 있으며, 주로 자동차 등의 변속기어 축에 사용된다. (스플라인 : 큰 토크를 전달하기 위해 묻힘 키를 여러 개 사용한다고 가정하면 축에 여러 개의 키 홈을 파야 하므로 축의 손상에 따른 강도 저하는 물론 공작 또한 매우 어렵게 된다. 그러므로 강도저하를 방지하면서 큰 토크를 전달하기 위해 축 둘레에 몇 개의 키 형상을 방사상으로 가공하여 키의 기능을 가지도록 하는데 이렇게 가공한 축을 스플라인 축이라고 하고 보스에 가공한 것을 스플라인이라 한다.)

ㄴ 안장 키(saddle key) : 축에는 가공하지 않고 축의 모양에 맞추어 키의 아랫면을 깎아서 때려 박는 키이다. 축에 기어 등을 고정시킬 때 사용되며, 큰 힘을 전달하는 곳에는 사용되지 않는다.

ㄷ 납작 키(flat key) : 축의 윗면을 편평하게 깎고, 그 면에 때려 박는 키이다. 안장키보다 큰 힘을 전달할 수 있다.

ㄹ 묻힘 키(sunk key) : 벨트풀리 등의 보스(축에 고정시키기 위해 두껍게 된 부분)와 축에 모두 홈을 파서 때려 박는 키이다. 가장 일반적으로 사

용되는 것으로, 상당히 큰 힘을 전달할 수 있다.

ㅁ 접선 키(tangent key) : 기울기가 반대인 키를 2개 조합한 것이다. 큰 힘을 전달할 수 있다.

ㅂ 페더 키(feather key) : 벨트풀리 등을 축과 함께 회전시키면서 동시에 축 방향으로도 이동할 수 있도록 한 키이다. 따라서 키에는 기울기를 만들지 않는다.

ㅅ 반달 키(woodruff key) : 반달 모양의 키. 축에 테이퍼가 있어도 사용할 수 있으므로 편리하다. 축에 홈을 깊이 파야 하므로 축이 약해지는 결점이 있다. 큰 힘이 걸리지 않는 곳에 사용된다.

ㅇ 미끄럼 키(sliding key) : 테이퍼가 없는 키이다. 보스가 축에 고정되어 있지 않고 축위를 미끄러질 수 있는 구조로 기울기를 내지 않는다.

ㅈ 평 키(flat key) : 축은 자리만 편편하게 다듬고 보스에 홈을 판 키로서 안장 키보다 강하다.

ㅊ 둥근 키(round key) : 단면은 원형이고 테이퍼 핀 또는 평행핀을 사용하고 핀키(pin key)라고도 한다. 축이 손상되는 일이 적고 가공이 용이하나 큰 토크의 전달에는 부적합하다.

ㅋ 원뿔 키(cone key) : 마찰력만으로 축과 보스를 고정하며 키를 축의 임의의 위치에 설치가 가능하다.

**22** ①

카르노 열기관의 효율 : $n = \dfrac{W}{Q} = 1 - \dfrac{300}{800} = 0.625$

$100 MW = 0.625 \times 20 \times x$이므로 $x = 8$이 된다.

※ 카르노 효율 … 화력 발전에서, 두 개의 등온 변화와 두 개의 단열 변화로 기체를 변화시킨 후, 최초의 상태로 복귀시키는 카르노 순환의 열효율. 이 열효율은 기체의 종류에 관계없이 온도에 따라 일정하다.

**23** ①

모듈 $m$은 피치원의 지름 $D$를 잇수 $Z$로 나눈 값이다. 중심거리는 다음의 식에 따라 150mm가 산출된다.

$$C = \frac{D_A + D_B}{2} = \frac{m(Z_A + Z_B)}{2} = \frac{4(25 + 50)}{2}$$
$$= 150\,mm$$

**24** ①

볼트의 종류

ⓐ 스터드 볼트 : 관통하는 구멍을 뚫을 수 없는 경우에 사용하는 것으로 볼트의 양쪽 모두 수나사로 가공되어 있는 머리 없는 볼트

ⓑ 관통 볼트 : 체결하고자 하는 두 재료에 구멍을 뚫고 볼트를 관통시킨 후 너트로 죄는 것

ⓒ 탭 볼트 : 볼트의 모양은 관통볼트와 같으나 체결하려는 한쪽이 두꺼워 관통하여 체결할 수 없을 경우 두꺼운 한쪽에 탭으로 암나사를 만들어 사용하지 않고 직접 체결하는 것

ⓓ T 볼트 : 머리가 T자형으로 된 볼트를 말하며, 공작기계에 일감이나 바이스 등을 고정시킬 때에 사용된다.

ⓔ 아이 볼트 : 물체를 끌어올리는데 사용되는 것으로 머리 부분이 도너츠 모양으로 그 부분에 체인이나 훅을 걸 수 있도록 만들어져 있다.

ⓕ 기초 볼트 : 기계나 구조물의 기초 위에 고정시킬 때 사용된다.


**25** ④

사이클로이드 치형은 한 원의 안쪽 또는 바깥쪽을 다른 원이 미끄러지지 않고 굴러갈 때 구르는 원 위의 한 점이 그리는 곡선을 치형 곡선으로 제작한 기어이다. 빈 공간이라도 치수가 극히 정확해야 하고 전위절삭이 불가능하다.


**26** ③

구성인선 방지대책

ⓐ 절삭 깊이를 작게 해야 한다.

ⓑ 바이트의 윗면경사각을 크게 해야 한다.

ⓒ 절삭속도를 되도록 빠르게 하는 것이 좋다.

ⓓ 윤활성이 높은 절삭유를 사용해야 한다.

ⓔ 공구반경을 되도록 작게 해야 한다.

ⓕ 마찰계수가 작은 절삭공구를 사용해야 한다.

ⓖ 이송을 되도록 적게 하는 것이 좋다.

ⓗ 공구면의 마찰계수를 줄여 칩의 흐름이 원활하도록 해야 한다.

ⓘ 피가공물과 친화력이 작은 공구 재료를 사용해야 한다.


**27** ②

인장강도는 최대 공칭인장응력을 의미한다.


**28** ④

원판 브레이크는 축과 일체로 회전하는 원판의 한면 또는 양 면을 유압 피스톤 등에 의해 작동되는 마찰패드로 눌러서 제동시키는 브레이크로 방열성, 제동력이 좋고, 성능도 안정적이기 때문에 항공기, 고속열차 등 고속차량에 사용되고, 일반 승용차나 오토바이 등에도 널리 사용된다. 축압 브레이크의 일종으로, 회전축 방향에 힘을 가하여 회전을 제동하는 제동 장치이다.


**29** ①

• 압하량 : 압연 가공에서 소재를 압축해서 두께를 얇게 할 때 압연 전과 압연 후의 두께차이

• 압하율 : 압연이 된 정도를 나타내는 상대적 수치로서 압연전의 두께 대비 압연 후 두께의 감소량으로 나타낸다.

$$\frac{20-16}{20} \times 100 = 20\% \text{ 가 된다.}$$


**30** ①

열간 가공의 특징

• 동력이 적게 들어 경제적이다.

• 대량생산이 가능하다.

• 대형제품의 생산에 유리하다.

• 적은 동력으로 큰 변형을 줄 수 있다.

• 재료의 균일화가 이루어진다.


**31** ②

밀링머신의 테이블의 분당이송속도는 커터의 날당 이송량, 커터의 날 수, 커터의 분당회전수를 모두 곱한 값이므로 400이 된다. [다음의 식을 참조할 것]

$$f = f_s \times z \times n = 0.2 \times 2 \times 500 = 200$$

$f$는 분당 이송속도, $f_s$는 날당 이송속도, $z$는 커터의 날 수, $n$은 커터의 회전속도

**32** ②

① **탭 볼트** : 볼트의 모양은 관통볼트와 같으나 체결하려는 한쪽이 두꺼워 관통하여 체결할 수 없을 경우 두꺼운 한쪽에 탭으로 암나사를 만들어 사용하지 않고 직접 체결하는 것

③ **관통 볼트** : 체결하고자 하는 두 재료에 구멍을 뚫고 볼트를 관통시킨 후 너트로 죄는 것

④ **기초 볼트** : 기계나 구조물의 기초 위에 고정시킬 때 사용된다.

⑤ **스터드 볼트** : 관통하는 구멍을 뚫을 수 없는 경우에 사용하는 것으로 볼트의 양쪽 모두 수나사로 가공되어 있는 머리 없는 볼트

**33** ②

스플라인 키(spline key)는 축의 둘레에 여러 개의 키 홈을 깎아서 만든 것으로서 큰 동력을 전달할 수 있으며, 주로 자동차 등의 변속기어 축에 사용된다. (스플라인 : 큰 토크를 전달하기 위해 묻힘 키를 여러 개 사용한다고 가정하면 축에 여러 개의 키 홈을 파야 하므로 축의 손상에 따른 강도 저하는 물론 공작 또한 매우 어렵게 된다. 그러므로 강도저하를 방지하면서 큰 토크를 전달하기 위해 축 둘레에 몇 개의 키 형상을 방사상으로 가공하여 키의 기능을 가지도록 하는데 이렇게 가공한 축을 스플라인 축이라고 하고 보스에 가공한 것을 스플라인이라 한다.)

**34** ②

인벌류트 치형은 원에 감은 실을 팽팽한 상태를 유지하면서 풀 때 실 끝이 그리는 궤적곡선(인벌류트 곡선)을 이용하여 치형을 설계한 기어이다. 중심거리는 약간의 오차가 있어도 무방하며 조립이 쉽다.

**35** ③

① 소성은 물체에 변형을 준 뒤 외력을 제거해도 원래의 상태로 되돌아오지 않고 영구적으로 변형되는 성질이다.

② 탄성은 외력에 의해 변형된 물체가 외력을 제거하면 다시 원래의 상태로 되돌아가려는 성질이다.

④ 경도는 재료 표면의 단단한 정도를 나타낸다.

⑤ 연성은 탄성한도 이상의 외력이 가해졌을 때 파괴되지 않고 잘 늘어나는 성질이다.

**36** ④

구성인선을 감소시키려면 공구의 경사각을 크게 해야 한다.

**37** ④

**냉매가 갖추어야 할 조건**

㉠ 저온에서도 대기압 이상의 포화증기압을 갖고 있어야 한다.

㉡ 상온에서는 비교적 저압으로도 액화가 가능해야 하며 증발잠열이 커야 한다.

㉢ 냉매가스의 비체적이 작을수록 좋다.

㉣ 임계온도는 상온보다 높고, 응고점은 낮을수록 좋다.

㉤ 화학적으로 불활성이고 안정하며 고온에서 냉동기의 구성 재료를 부식, 열화 시키지 않아야 한다.

㉥ 액체 상태에서나 기체 상태에서 점성이 작아야 한다.

**38** ②

② 관경을 크게 하고 유속을 낮춘다.

**39** ⑤

복잡하고 미세한 형상 가공이 용이하다.

**40** ④

**드레싱(dressing)** … 연삭숫돌의 입자가 무디어지거나 눈메움이 생기면 연삭능력이 떨어지고 가공물의 치수 정밀도가 저하되므로 예리한 날이 나타나도록 공구로 숫돌 표면을 가공하는 것

① **트루잉(truing)** : 연삭면을 숫돌과 축에 대하여 평행 또는 일정한 형태로 성형시키는 작업이다.

② **글레이징(glazing)** : 숫돌바퀴의 입자가 탈락되지 않고 마멸에 의해 납작해진 현상이다.

③ **로딩(loading)** : 눈메움이라고도 한다. 숫돌입자의 표면이나 기공에 칩이 끼여 있는 현상이다.

⑤ **스필링(spilling)** : 결합제의 힘이 약해서 작은 절삭력이나 충격에 쉽게 입자가 탈락하는 것이다.

**서 원 각**
www.goseowon.co.kr